G. Günter Voß

Der arbeitende Nutzer

Über den Rohstoff des
Überwachungskapitalismus

D1729664

Campus Verlag
Frankfurt/New York

ISBN 978-3-593-51237-2 Print
ISBN 978-3-593-44436-9 E-Book (PDF)
ISBN 978-3-593-44435-2 E-Book (EPUB)

Umschlaggestaltung: Campus Verlag GmbH, Frankfurt am Main
Satz: DeinSatz Marburg | tn
Gesetzt aus: Adobe Garamond Pro
Druck und Bindung: CPI buchbücher.de, Birkach
Gedruckt auf Papier aus zertifizierten Rohstoffen (FSC/PEFC).
Printed in Germany

www.campus.de

Inhalt

Vorwort

Der von mir hier vorgelegte Text hat eine Vorgeschichte. Noch vor dem offiziellen Erscheinungstermin drückte man mir in meiner Buchhandlung Anfang 2018 die soeben gelieferte Studie von Shoshana Zuboff zum »Überwachungskapitalismus« in die Hand. Ich hatte das Buch erst einige Tage zuvor bestellt und war erstaunt, es so schnell zu bekommen. Wieder zu Hause setzte ich mich auf mein Lesesofa, um einen ersten Blick in das erschreckend dicke Konvolut zu werfen … und hörte für fast eine Woche nicht mehr auf zu lesen.

Als ich davon auf Twitter berichtete, erhielt ich erstaunte Reaktionen von Kollegen aus den USA, die mit einer englischsprachigen Ausgabe erst Anfang 2019 (und damit ein Jahr später) gerechnet hatten. Über die Gründe für diese interessante Publikationsstrategie kann man nur mutmaßen (ich habe dazu einige Ideen …). Der Bitte, ›schon mal‹ über den Inhalt zu berichten, kam ich gerne nach – in dem Umfang, den Twitter ermöglicht.

Es war sicherlich auch das winterliche Wetter, das davon abhielt, mein Sofa zu verlassen. Aber mehr noch war es meine Faszination. So ein Buch hatte ich schon lange nicht mehr in Händen gehalten. Es dauerte den einen oder anderen Tag, bis ich mich eingelesen hatte und begriff, welchen Reim ich mir auf die Studie machen sollte. Neben den 727 Seiten war es vor allem der weitreichende kapitalismusanalytische Rahmen, mit Bezügen zu vielen großen Geistern, die man als Arbeitssoziologe gerne zitiert, der mich staunen ließ. Erste spärliche Medienreaktionen in Deutschland halfen mir nicht wirklich weiter. Immerhin konnte ich Frau Zuboff in der ARD (titel thesen temperamente) kurz sehen und hören. Ich vernahm dort nun auch Zuboffs selbstbewussten

Hinweis, dass man ihr Buch schon ganz gelesen haben müsse, um sie zu verstehen – womit sie völlig Recht hat. Es war dann aber weniger die sympathische Erscheinung der Professorin aus Harvard, die mich trotz aller Lesemühe bei der Stange hielt. Was mich fesselte, war vor allem der sozioökonomische Fokus mit einer ohne Zweifel ›steilen‹ These.

Trotz aller Faszination war ich nach der Lektüre auch irritiert und fast ein wenig deprimiert. Das Buch erinnerte an eigene aktuelle Überlegungen, etwa zu neuen »robotisierten« Technologien. Am meisten irritierte aber, dass da nun jemand höchst umfangreich und kompetent eine Entwicklung beschrieb, über die ich einige Jahre zuvor zusammen mit Kerstin Rieder nachgedacht hatte: Die Integration von Konsumenten in betriebliche Produktionsprozesse. (Vgl. Voß/Rieder 2015) Zuboff hatte diesen Trend nun mit der neuesten technologischen Entwicklung in Verbindung gebracht, was uns damals so noch nicht möglich war.

In Telefonaten wurde Kerstin Rieder und mir aber bewusst, dass uns eine andere Perspektive geleitet hatte. Es ging uns – und geht uns weiterhin – mit der These des »arbeitenden Kunden« um die Frage, welche aktive Rolle Betroffene auf ihrer persönlichen Ebene im Rahmen neuartiger kapitalistischer Strategien genau spielen – und dazu war in der Studie von Zuboff nichts zu finden. Kerstin Rieder und mir war klar, dass man da »was machen müsse«. Die Idee eines gemeinsamen Papers scheiterte leider daran, dass Kerstin Rieder in zahlreiche andere Aufgaben eingebunden war und sich daher keine Möglichkeit fand, schnell gemeinsam aktiv zu werden.

Dass auch ich nicht wirklich über üppige Zeitressourcen verfügte, lag unter anderem an der Herausgabe eines neuen Buchs zur Lebensführungsforschung, an dem ich mit Kolleginnen und einem Kollegen arbeitete. Da ich schon vage angekündigt hatte, dazu eventuell einen Beitrag zu verfassen, geriet ich nun in die Versuchung, einen Text zur Studie von Zuboff zu schreiben. Ohne meine Kolleginnen und meinen Kollegen einzuweihen, nahm ich mir vor, Derartiges zu versuchen … und konnte mich lange Zeit nicht aufraffen, auch weil mir klar war, dass das inhaltlich nicht einfach werden würde. Erst als die Mitherausgeber ungeduldig wurden, gab ich mir einen Ruck … und schrieb dann fast ohne Unterbrechung über mehrere Wochen. Nach einiger Zeit musste ich mitteilen, dass ich zwar an einem Text säße, aber das Seitenlimit keinesfalls einhalten könne, was mit deutlicher Reserve aufgenommen wurde. Trotzdem blieb ich mit eher noch zunehmender Motivation aber dabei, und der Text wuchs und wuchs. Als dann die Zeit wirklich drängte, nahm ich mir die inzwischen entstandenen Seiten vor und verfasste eine Art Kondensat.

Erst jetzt wurde deutlich, dass der lange Text und der Auszug durchaus die angezielte Idee transportierten: Der Überwachungskapitalismus mit seiner neuartigen Rohstoffbasis setzt eine arbeitende Beteiligung der Nutzer voraus. Das hat Parallele zur These des arbeitenden Kunden, aber die Mitarbeit der hier Betroffenen nimmt völlig andere Formen an. Hinzu kommt, dass mit Blick auf die Nutzer der ›Stoff‹, um den es Zuboff geht (den sie »Verhaltensüberschuss« nennt), fundamental anders verstanden werden kann und deshalb auch anders bezeichnet werden sollte.

Nun liegt ein umfangreicherer Text vor, der in Form eines Essays versucht, die Studie aus Harvard soziologisch subjektorientiert zu unterfüttern. Kern ist erst einmal eine Darstellung der Zuboffschen Thesen und dann Ergänzungen um Annahmen zu einer alltagsnahen persönlichen Produktionsökonomie, durch die überwachungskapitalistische Konzerne erst zu ihrem neuen »Rohstoff« kommen, der hier als alltägliche menschliche »Lebens-Spuren« verstanden wird. Um dies nachvollziehen zu können, ist zugleich an einigen Stellen eine etwas umfangreichere Vorstellung der Subjektorientierten Soziologie und dort entwickelter Thesen erforderlich.

Beides zusammen könnte nun eine bis auf die Ebene der Subjekte und ihrer Alltäglichen Lebensführung zielende sozioökonomische Analyse des sich abzeichnenden Überwachungskapitalismus ergeben, der so gesehen vielleicht tatsächlich ein ›neuer‹ Kapitalismus ist, dessen erste Anzeichen wir gerade erleben. Da der Kapitalismus des 21. Jahrhunderts aus subjektorientierter Sicht schon seit einiger Zeit charakteristische neuartige Formen gesellschaftlicher Arbeitskraft und damit auch neuartige Ausprägungen von Subjektivität hervorbringt (Arbeitskraftunternehmer, arbeitende Kunden und aktuell arbeitende Roboter), denen nun mit dem arbeitenden Nutzer eine neue ›Figur‹ hinzugesellt wird, könnte eine breiter angelegte Einschätzung der sich abzeichnenden Verhältnisse möglich werden. Warum das mit einer deutlichen politischen Botschaft verbunden wird, sollte beim Lesen hoffentlich deutlich werden.

Auch diesmal hat der Autor vielen Menschen für ihre Unterstützung zu danken. Dieser Dank gilt hier für hilfreiche Hinweise oder informelle Textelemente zu einzelnen Inhalten vor allem Alma Demszky, Georg Jochum, Christian Papsdorf, Kerstin Rieder, Margit Weihrich und Laura Voß sowie für ihre überaus hilfreiche Lektoratsunterstützung Eva Scheder-Voß mit der Unterstützung von Christa Heinzelmann. Für alle Unzulänglichkeiten des Textes ist allein der Autor verantwortlich und bittet dafür um Nachsicht.*

GGV, München, im September 2019

---

* Der erwähnte kurze Beitrag erscheint voraussichtlich Anfang 2020 in einem von Jochum/Jurczyk/Voß/Weihrich herausgegebenen Band zu »Transformationen Alltäglicher Lebensführung«.

1. Einführung

Die weitreichenden technologischen und wirtschaftlichen Entwicklungen, die seit geraumer Zeit in Kalifornien stattfinden, haben sich auch in Deutschland herumgesprochen. Während man sich in Europa – noch eher moderat und reichlich uneinig – um entgehende Steuereinnahmen und die konkurrenzgefährdende Marktmacht der neuen Quasi-Monopole, manchmal auch um den Datenschutz und die bedrohte Privatheit Sorgen macht, klingt die Meinung dazu zumindest in der Umgebung von San Francisco teilweise inzwischen schon wieder wesentlich radikaler: Dort schlägt die euphorische Begeisterung über »Big Tech« selbst innerhalb des Kernbereichs der digitalen Industrie, wie es scheint, langsam in eine neuartige Technikkritik um (»Techlash«).[1] Auf beiden Seiten des Atlantiks stellen sich sogar einige intellektuelle Zirkel die Frage, ob sich nur die technologischen Randbedingungen der etablierten Ökonomie verändern oder ob nicht vielmehr ein »Neuer Kapitalismus« am Horizont der Geschichte erkennbar wird. Meist wird dabei zunächst an eine Art kapitalistische »Internetökonomie« oder einen »Digitalen Kapitalismus« gedacht. Das passt zu der altmarxistischen These von den »Produktivkräften« als historische Treiber des Kapitalismus. Nur selten jedoch hat jemand wie die Harvard-Ökonomin Shoshana Zuboff den Mut zu fragen, ob dieser neue Kapitalismus nicht

---

1 Vgl. zur Diskussion um einen »Techlash« in den USA Gardels in der Washington Post (2018) oder aktueller Kuhn in der Süddeutschen Zeitung (2019), der der Ansicht ist, dahinter verberge sich eine »Sehnsucht nach einem menschlicheren Kapitalismus« – einen Kommentar, der möglicherweise ironisch gemeint war, hier aber zustimmend mit Interesse gelesen wurde, was im Verlauf des Buchs deutlich werden sollte.

nur hinsichtlich seiner technologischen Randbedingungen, sondern in seinem ökonomischen Kern »neu« sein könnte, mit entsprechend weitreichenden Folgen. Dieser Haltung wird nicht selten mit dem Hinweis begegnet, dass Kapitalismus eben »Kapitalismus« sei, da könne nichts grundsätzlich neu sein.[2]

1.1   Die These des »Überwachungskapitalismus«

Vor diesem Hintergrund ist es nicht verwunderlich, dass die Studie »Das Zeitalter des Überwachungskapitalismus« von Zuboff (2018) zumindest in der deutschen Diskussion, und dort vor allem auch in der Soziologie, bislang nur verhalten rezipiert wird. Auch die Reaktionen deutscher Medien sind eher dezent.[3] Fast immer gibt dabei der Titel des Buches, also der »Überwachungskapitalismus«, den Ton vor: Es gehe um Digitalisierung und speziell um Datenschutz, und das Thema sei ja hinlänglich bekannt – spätestens seit der etwas verunglückten EU-Datenschutzgrundverordnung und dem eher hilflosen Bemühen der Staatsministerin für Digitalisierung. Diese eingeengte Wahrnehmung ist erstaunlich, da das Buch von Zuboff als ein bedeutender Versuch angesehen werden muss, die derzeitigen Veränderungen in Folge der Durchsetzung datenbasierter Technologien originär sozioökonomisch zu verstehen. Wenn man wissen will, was Big Tech derzeit mit unserem gewohnten Kapitalismus anstellt, dann muss man hier nachlesen.

Unter expliziter Bezugnahme auf Karl Marx, Karl Polanyi, Max Weber, Hannah Arendt und andere, nicht nur in der Soziologie gut be-

---

2 Das ist ein Vorwurf an Zuboff von Seiten des viel beachteten Internetintellektuellen Evgeny Morozov in einer der wenigen umfassenderen Besprechungen ihres Buchs (2018, englisch 2019), der ihr dann dazu passend ein bürgerliches Kapitalismusverständnis unterstellt – was vielleicht noch nicht mal falsch ist. (Vgl. Morozov 2019)

3 Die zurückhaltende journalistische Rezeption in Deutschland unterscheidet sich von der medialen Bewertung von Zuboffs Buch im angelsächsischen Raum seit dem Erscheinen der englischen Ausgabe Anfang 2019. Vgl. etwa die auf Amazon gesammelten englischsprachigen »Pressestimmen« und die eindrucksvolle Präsenz von Zuboff auf YouTube in den USA und dem UK.

kannte Theoretiker behauptet die Studie nicht weniger als die sukzessive Herausbildung einer neuen Logik kapitalistischer Wertschöpfung. Es geht ihr um die Frage, wie in einem digital geprägten Umfeld kontrastierend zu bisherigen Formen von Kapitalismus ökonomische Werte generiert werden. Im Zentrum steht die These, dass sich gegenwärtig erneut eine ökonomische »*Transformation*« (im Sinne der frühen Annahmen von Polanyi für die Herausbildung des modernen Kapitalismus 1995 [1944]) vollzieht. Dabei entstehen, indem wirtschaftlich bis dahin nahezu unbekannte basale Ressourcen gezielt ausgebeutet und in Warenform überführt werden, neuartige Profitmöglichkeiten. Bei Polanyi hießen die durch Kommodifizierung erstmalig neu genutzten Ressourcen Arbeitskraft, Boden und Geld. Neuartige Ressourcen für den Kapitalismus des 21. Jahrhunderts sind nach Zuboff die vielfältigen persönlichen Hervorbringungen von Menschen bei ihren tagtäglichen Handlungen und deren digitalisierte Erfassung – ein von ihr »*Verhaltensüberschuss*« genanntes schier unendliches, aber bis vor Kurzem ökonomisch nicht systematisch beachtetes Potenzial von Informationen, das sich abgreifen, datentechnisch aufbereiten und nach und nach als »*neuer Rohstoff*« erweiterten ökonomischen Verwertungen zuführen lässt. Pioniere einer solchen neuen kapitalistischen Ökonomie seien die inzwischen hinlänglich bekannten Konzerne des »Big Tech« – allem voran Google (mit Alphabet als Mutterkonzern), gefolgt von Amazon, Facebook (mit WhatsApp und Instagram), Apple und auch (wieder) Microsoft. Andere Großunternehmen ziehen weltweit mit (auch in China, v. a. Alibaba und Tencent), um sich noch substantielle Stücke von diesem neuen kapitalistischen ›Kuchen‹ abzuschneiden, zumindest um sich Claims für eine zukünftige Nutzung und Verwertung zu sichern.

Die folgenden Überlegungen möchten nun mit einem *subjektorientierten soziologischen* Blick vor allem zeigen, dass dieser neue Rohstoff dem kapitalistischen Prozess der Nutzung und Verwertung nicht ›einfach so‹ zufällt. Lieferanten sind vielmehr die betroffenen Menschen selbst, die diese Rohstoffe im Rahmen ihrer Lebensführung generieren – oft ungewollt und unbewusst, zumindest hinsichtlich einer möglichen wirtschaftlichen Ausbeutung. Mehr noch: Es sind die Alltagshandelnden, die diese Quellen neuen kapitalistischen Reichtums in ersten praktischen Schritten gewinnen, aufbereiten, rechtlich übertragen, mit mehr oder weniger digitalen Mitteln für eine fremde Verwertung herrichten und schließlich den danach gierenden Unternehmen übergeben. All das ist, so hier die zentrale These, eine bisher *nicht beachtete Form wirtschaftlich genutzter produktiver Arbeit* unter Verwendung alltäglich gegenwärtiger Arbeitsmittel, die Zuboff als solche außer Acht lässt. Aber ohne diese *überwachungskapitalistische Mit-Arbeit* der Betroffenen gäbe es den neuartigen »Rohstoff« nicht!

Leser könnten sich hierbei an die These des »arbeitenden Kunden« erinnert fühlen, die auf den ersten Blick gesehen Ähnliches postuliert. Der Unterschied besteht jedoch darin, dass die Produzenten dieses neuen kapitalistischen Rohstoffs nicht unbedingt »Kunden« sind. Mehrheitlich handelt es sich um unterschiedliche Formen von »*Nutzern*« digitaler Technologien (in der Sprache des WWW: »User«), die zu wenig verstehen, was sie da faktisch tun, wenn sie etwa im öffentlichen Raum, bei der Benutzung von Verkehrsmitteln, am Arbeitsplatz, in der Privatsphäre oder über am Körper getragene Devices Technikkonzernen wertvolle Ressourcen generieren und liefern.[4] Spätestens mit diesem Fokus muss man mit Zuboff betonen, dass es nicht primär um Technik geht, sondern um das, was alltagspraktisch und darüber vermittelt *ökonomisch* auf neue Weise passiert. Es geht um eine neuartige kapitalistische Profitlogik, bei der letztlich ›wir alle‹ eine unerwartete Rolle von großer ökonomischer Relevanz spielen – und unsere unter-

---

4　Wenn Zuboff in einer aktuellen Stellungnahme zu ihrer These (Zuboff 2019) von der »amorphous nonentity of ›users‹« spricht, lässt sie erneut anklingen, dass sie die spezifische Funktion der betroffenen Nutzer bei der Entstehung des neuen Rohstoffs, um den es in dem hier vorliegenden Text geht, nicht erkennt. Zugleich betont sie aber mehr denn je die politische Bedeutung dessen, was mit den »Usern« passiert und was daraus folgen müsste: »Users« sei »[…] a word that says we don't matter and we have no interests, as we through these words – anxiety, manipulation, control, freedom, democracy, resistance, rebellion, solution – begin to identify our true interests, and through that, discover the new forms of collective action«. Einer solchen Perspektive kann sich hier nur voll angeschlossen werden – mehr dazu im Laufe der Argumentation.

schwelligen Tätigkeiten eine wirtschaftliche Funktion erhalten, die in ihrer Bedeutung bisher so nicht thematisiert wurde.

1.2 Zum Aufbau des Textes

In einem ersten Schritt wird vor dem Hintergrund einiger Anmerkungen zur aktuellen Diskussion über *Digitalen Kapitalismus* und *Digitale Arbeit* noch einmal auf die Perspektive der *Subjektorientierten Soziologie* Bezug genommen. Die in diesem Zusammenhang entstandenen zeitdiagnostischen Thesen des *Arbeitskraftunternehmers*, des *arbeitenden Kunden* sowie aktuell *des arbeitenden Roboters* ergeben in Verbindung mit dem Konzept *Alltägliche Lebensführung* einen Argumentationsrahmen für die weiteren Überlegungen (Kap. 2).

Es folgt eine intensive Rekonstruktion zentraler Thesen der *Studie von Zuboff*, ergänzt um weiterführende eigene Einschätzungen (Kap. 3).

Den Hauptteil des Textes bilden subjektorientierte Erweiterungen der Zuboffschen Analyse. Im Mittelpunkt steht dabei die Annahme, dass der von Zuboff »Verhaltensüberschuss« genannte Rohstoff aus alltäglichen menschlichen »*Lebens-Spuren*« entsteht. Vor diesem Hintergrund wird gezeigt, dass ohne *arbeitende Leistungen der Nutzer* digitaler Technik die Erschließung dieses spezifischen neuen Rohstoffs nicht realisiert werden kann. Das wird um eine ausführliche Rekonstruktion der sozialwissenschaftlichen Diskussion zur »*kapitalistischen Landnahme*« ergänzt, die auch in der Studie von Zuboff anklingt. Hier wird argumentiert, dass sich im Moment eine neue Art kapitalistischer Landnahme vollzieht, die zwar auch, wie neuere Landnahmekonzepte ausführen, eine »Innere Landnahme« darstellt, aber wesentlich tiefer greift und eine Landnahme des »Inneren im Inneren« von Gesellschaft und sogar des »Inneren« von Menschen bedeutet (Kap. 4).

Der Schluss enthält Überlegungen zum sozioökonomischen *Zusammenwirken der subjektorientiert postulierten neuen Figuren* von Arbeitskraft, mit besonderem Blick auf den hier im Fokus stehenden arbeitenden Nutzer. Dies führt zu *politischen Folgerungen* in Hinsicht auf die

Alltägliche Lebensführung als Objekt überwachungskapitalistischer Begierden wie auch als Rahmen potenzieller Gegenwehr (Kap. 5).

Der Text bewegt sich auf drei Ebenen:

- Zum einen und vorrangig geht es um den überwachungskapitalistischen Rohstoff und die subjektorientierten Erweiterungen, mit Fokus auf den arbeitenden Nutzer.
- Zum anderen wird mehrfach auf das Konzept der Subjektorientierung und damit verbundene Kategorien als Hintergrund der Argumentation Bezug genommen, die dann zusammengeführt werden.[5]
- Drittens schließlich wird die These einer »Landnahme« aufgegriffen, illustriert durch Verweise auf zwei berühmte historische Beispiele: Die »Entdeckung« des amerikanischen Kontinents im 15.–16. Jahrhundert mit der darauf folgenden Ausbeutung der Regionen und dann die beiden Gold Rushes an der Westküste der USA im 19. Jahrhundert.[6]

1.3   Subjektorientierung – Ein Exkurs

Da die hier zu entwickelnde Argumentation einer spezifischen soziologischen Perspektive – der Subjektorientierten Soziologie – folgt, durch die

---

5 Für Leser mit näherem Interesse an der Subjektorientierten Soziologie kann diese Ebene als eine im Text verstreute zusammenfassende Darstellung der Perspektive mit ihren zentralen Elementen gelesen werden – in Teilen auch als eine erweiterte Grundlegung, beispielsweise mit einem Exkurs zu den Begriffen »Subjekt« und »Subjektivität«, für die eine subjektorientierte Fundierung bisher fehlte. (Vgl. den Exkurs zu den Grundideen der Subjektorientierung in Kap. 1.3, die Darstellung der Konzepte Arbeitskraftunternehmer, arbeitender Kunde und arbeitender Roboter mit dem arbeitenden Nutzer und ihr Zusammenwirken in den Kap. 2.3.1 bis 2.3.3, 4.1.5, 5.1, sowie zur Alltäglichen Lebensführung mit dem Exkurs zum Begriff »Subjekt« in Kap. 5.2).

6 Dass diese Beispiele gewählt werden, hat seinen Grund. Neben dem, dass auch Zuboff zur Illustration ihres Themas an Kolumbus erinnert, soll mit den Beispielen auf regionalhistorische Parallelen angespielt werden (ohne daraus voreilige Schlüsse zu ziehen). Denn derzeit ist es wieder das (nördliche) Amerika, in dem mit der Expansion des Überwachungskapitalismus eine neuartige sozioökonomische Welt ›entdeckt‹ wird, mit höchst folgenreichen neuen Möglichkeiten kapitalistischer Landnahme.

die Zuboffschen Thesen zum Überwachungskapitalismus in einem anderen Licht erscheinen, soll vorab kurz erläutert werden, was es mit dieser Untersuchungsrichtung im Verständnis des vorliegenden Textes auf sich hat.[7]

Erste Ideen zu einer Subjektorientierten Soziologie hat vor mehr als dreißig Jahren Karl Martin Bolte (1925–2011) in einer programmatischen Skizze formuliert: Es gehe darum »[…] das wechselseitige Konstitutionsverhältnis von Mensch und Gesellschaft ins Blickfeld« zu rücken (Bolte 1983). Damit sei eine im Prinzip alte, aber mehr denn je zentrale, Frage der Soziologie aufgegriffen, die traditionell unter dem Stichwort »Individuum und Gesellschaft« und später als »Handlung und Struktur« diskutiert wurde. Typisch für diese Perspektive sind aus heutiger Sicht folgende Aspekte:

– *Das Verhältnis von Individuum und Gesellschaft.* Eine Subjektorientierte Soziologie will gesellschaftliche Strukturen oder Strukturelemente daraufhin analysieren …

»(1) in welcher Weise sie menschliches Denken und Handeln prägen, (2) wie Menschen bestimmter soziohistorisch geformter Individualität innerhalb dieses strukturellen Rahmens agieren und so unter anderem zu dessen Verfestigung oder Veränderung beitragen und (3) wie die betrachteten Strukturen selbst einmal aus menschlichen Interessen, Denkweisen und Verhaltensweisen hervorgegangen sind.« (Bolte 1983: 15 f.).

Das mit dieser Formulierung angesprochene Grundproblem der Vermittlung von Handlung und Struktur steht schon seit einiger Zeit ganz oben auf der Agenda allgemeinsoziologischer Konzeptionen, und manches liest sich auf den ersten Blick wie eine Übersetzung von Boltes Plädoyer. Bei genauerem Hinsehen erkennt man aber bedeutsame Unterschiede.

---

7 Vgl. zur Münchener Subjektorientierten Soziologie insbesondere Bolte 1983 und 1997 sowie allgemein u. a. Bolte/Treutner 1983; Voß/Pongratz 1997a und 1997b. (Vgl. auch Voß 1997; Pongratz/Voß 1997; Weihrich 2001) Die folgenden Passagen verwenden teilweise Formulierungen, die von Margit Weihrich für einen Webseite zur Subjektorientierten Soziologie entwickelt wurden.

– *Mehrebenendenken.* Vieles von dem, was die Subjektorientierung ins Zentrum stellt, findet sich in Versuchen, Soziologie auf mehreren »Ebenen« zu verorten. Deutlich wird dies schon in der Gegenüberstellung von mikrosoziologischer »Handlung« und makrosoziologischer »Struktur« oder von »Agency and Structure«. Mehrfach wurde über »Organisation« als dritte Ebene nachgedacht, die sich theoretisch (und auch historisch) ›dazwischenschiebt‹. (Vgl. z. B. Luhmann 1975, der »Interaktion«, »Organisation« und »Gesellschaft« unterscheidet) In der Subjektorientierten Soziologie wird darüber hinaus gelegentlich vorgeschlagen, die Handlungsebene noch einmal von einer eigensinnigen Ebene des »Subjekts« zu trennen. Diese verlässt dann genau genommen das »Soziale« und steht damit (als vierte »Ebene«) den gesellschaftlichen Ebenen im engeren Sinne gegenüber, wechselwirkt aber trotzdem (als externe Größe) mit den sozialen Erscheinungen. Luhmann hat für diese Beziehung zwischen »Gesellschaft« und der externen Größe Subjekt (bei ihm »Individuum« oder »psychisches System«) von Parsons den Begriff »Interpenetration« übernommen. (Vgl. etwa Luhmann 1978 und später 1984, S. 286 ff.)[8] Ein Denken in derartigen »Ebenen« kann vielfältig gehandhabt werden. Ein wichtiges Kriterium ist, wo man mit der Analyse anfängt: bei der Struktur, bei der Ebene der Handlung oder sogar beim Subjekt. Es hat sich oft gezeigt, dass der Startpunkt und dann die Richtung des Forschens erhebliche Auswirkungen auf die Ergebnisse haben. Vereinfacht kann man sagen, dass man am Startpunkt ein sehr viel deutlicheres Verständnis des Gegenstands hat als dann im Durchgang durch die weiteren Ebenen. Die

---

8 Genau besehen hat Luhmann für diese Sichtweise von Parsons nicht nur den Begriff der »Interpenetration« für das Verhältnis von »Sozialem System« und spezifischen Umwelten, insbesondere dabei des »Psychischen Systems« adaptiert. Bei Parsons findet sich auch schon auf anspruchsvolle Weise die Unterscheidung von verschiedenartigen extrasozialen Systemen (oder ›Ebenen‹ im Sinne des vorliegenden Textes) und deren Wechselbeziehungen oder »kybernetische Beziehungen«: das »Persönlichkeitssystem«, ein »Kulturelles System« und sogar der »Verhaltensorganismus« (das auch bei Luhmann als »biologisches System« eine analoge Funktion hat). Diese Konstellation des »Sozialen Systems« (mit seinen Teilen) und anderen Systemen als »Umwelten« steht die insgesamt in einem Spannungsverhältnis zwischen einer »Letzten Realität« (die Parsons nicht weiter aufklärt) auf der einen und dem »Physisch-organischem Milieu« auf der anderen Seite stehen (vgl. ausführlich Parsons 1975, S. 9 ff. und insbesondere die Tabellen auf S. 50–52).

Präzision verliert sich auf der Reise, bis hin zu dem, dass die Thematisierung von »Subjekt« am dem einen Ende oder von »Gesellschaft« am anderen fast schon wieder ›hinten herunterfällt‹.

– *Die besondere Rolle von Vermittlungsinstanzen.* Die Frage nach »Verbindungsstellen« von Mensch und Gesellschaft (Bolte 1983, S. 33) – und darauf kommt es an, wenn man Wechselwirkungen von Handeln bzw. Subjekt und Strukturen erfassen will – spielt in der Subjektorientierten Soziologie eine wichtige Rolle. Sie grenzt sich damit explizit von Untersuchungen ab, »in denen die Menschen, die als handelnde, interessengeleitete Subjekte diese Strukturen hervorbringen, gar nicht vorkommen« oder »in denen viel über menschliches Verhalten ausgesagt wird, ohne dass überhaupt gesellschaftliche Strukturen erwähnt werden, die dieses Verhalten beeinflussen.« (Bolte 1997, S. 35). Folgerichtig sucht die Subjektorientierte Soziologie intensiv nach eben solchen »Vermittlungsinstanzen«. Sie betreibt dies allerdings mit einer spezifischen ›hidden agenda‹: Wie schaffen es Subjekte, innerhalb konkreter Zwänge und Vorgaben Handlungsspielräume zu finden und autonom zu agieren? Oder anders ausgedrückt: Es geht eher nicht um soziale Determinanten und Zwänge für menschliches Handeln als darum, wo und wie unter gegebenen Verhältnissen »Potentiale des Agierens, des Wehrens und Gestaltens liegen, durch die soziale Strukturen lebendig und entwicklungsoffen werden«. (Voß/Pongratz 2007b, S. 16) Damit ist Subjektorientierte Soziologie zwangsläufig eine empirische Soziologie. Basis von Strukturen sind ja immer konkrete historische Situationen und konkrete lebendige Subjekte, und die Mechanismen, nach denen gesucht wird, sind konkrete gesellschaftliche Vermittlungsinstanzen, wie etwa »Beruf« oder »Alltägliche Lebensführung« (Voß 1997). Diese empirische wie theoretische Herausarbeitung von Verbindungsstellen ist vielleicht der wichtigste Beitrag der Subjektorientierten Soziologie zur Frage nach dem Verhältnis von Individuum und Gesellschaft.

– *Theoretische Offenheit.* In Zusammenhang damit steht noch eine weitere Eigenart der Subjektorientierten Soziologie, die entscheidend zu ihrem Erfolg beigetragen hat: ihre theoretische Offenheit und ihr Plädoyer für paradigmatische Pluralität. Die subjektorientierte Soziologie verstand sich schon immer als ein spezifisches »In-den-Blick-Nehmen« (Bolte 1983, S. 16) von soziologisch relevanten Sachverhalten, innerhalb dessen die heranzuziehenden Theorien erst gefunden und angewendet werden müssen. Damit war die Subjektorientierte Soziologie von Anfang an ein weiches, aufgeschlossenes und entwicklungsoffenes Programm, in dem kein verbindlicher Kanon herrschte, sondern ganz im Gegenteil eine Abneigung gegen »dogmatisch zementierte politische wie theoretische Positionen« (Voß/Pongratz 1997, S. 18). Gleichwohl ist für die Subjektorientierung ein Menschenbild leitend, das sich (inzwischen mit einem erweiterten Begriff von »Subjekt«; vgl. Kap. 5.2.) an der humanistischen Vorstellung eines nicht nur geistigen, sondern auch körperlichen und emotionalen lebendigen Wesens orientiert. Genau dies unterscheidet die Perspektive grundlegend etwa von einem individualistischen, auf das Axiom des Rationalen Akteurs ausgerichteten Ansatz. Es ist diese offene humanistische »Perspektive«, die die Gruppe von Forscherinnen und Forschern auszeichnet, die sich seit Boltes Plädoyer entwickelt hat. Die Subjektorientierte Soziologie, die in den Münchener Sonderforschungsbereichen 101 (»Theoretische Grundlagen sozialwissenschaftlicher Berufs- und Arbeitskräfteforschung«) und 333 (»Entwicklungsperspektiven von Arbeit«) entstand, ist aber schon lange keine rein Münchener Perspektive mehr, obschon der lokale Zusammenhang eine entscheidende Rahmenbedingung für ihre Entwicklung war und ist.

2. Neuer Kapitalismus mit neuen Regulierungen, Werkzeugen und Subjektivitäten

Wenn hier als Ausgangsannahme für die Frage nach dem Überwachungskapitalismus mit seinen spezifischen Erscheinungen auf einen bis in das letzte Drittel des vergangenen Jahrhunderts zurückreichenden gesellschaftlichen Strukturwandel verwiesen wird, der vor allem ökonomische Ursachen hat, dann ist das nicht nur in der Soziologie weithin Konsens. Uneinig ist man sich jedoch darüber, ob es sich dabei lediglich um einen beschleunigten Wandel handelt oder schon um einen Strukturbruch der langfristigen Dynamik kapitalistischer Gesellschaften. Kontrovers ist auch, wenn man rückblickend die Diskussion betrachtet, ob eher gesamtökonomische Veränderungen in Verbindung mit einer Neuausrichtung politischer Rahmenbedingungen Ursache des Wandels sind oder Veränderungen der soziotechnischen Grundlagen von Gesellschaft.

2.1 Politökonomische oder technische Hintergründe des Wandels

Schon frühe Analysen der Veränderungen, die sich in kapitalistischen Gesellschaften während der 1970 und 80er Jahre vollziehen, beschreiben diese als primär *sozioökonomische Umbrüche* mit begleitenden *politischen Strukturveränderungen.* In einschlägigen Konzepten wird vor dem Hintergrund globalwirtschaftlicher Veränderungen und verschärfter globaler Konkurrenzen der Wandel als Ende des den expandierenden Kapitalismus bisher regulierenden und damit domestizierenden sogenannten »fordistischen« Gesellschaftsmodells verstanden. Mit großer Dynamik bilde sich im Übergang zum 21. Jahrhundert, so lautete die These, eine sogenannte »post-fordistische« (oft auch als »neoliberal« interpretierte) Regulationsweise heraus.[9] Dass diese Dynamik auch die erwerbsförmigen Arbeits- und Betriebsverhältnisse verändert, und sich dabei »post-tayloristische« Steuerungsverfahren und systematische »Entgrenzungen« und »Subjektivierungen« von Arbeit und Betrieb ergeben, hat sich nach und nach als breiter Konsens herausgebildet.[10]

Eher spät wurde in anderen zeitdiagnostischen Konzepten deutlich gemacht, dass die bis dahin vorwiegend ökonomisch begründeten Veränderungen besonders von *neuartigen technologischen Dynamiken* und *Werkzeugen* mitgeprägt werden. Das sich dafür durchsetzende Catch-All-Stichwort lautete (nach einem frühen Hype zum Internet[11] und dann zur Internetökonomie[12]) »Digitalisierung«. Erst ab den 2010er Jahren stellte sich die wesentlich weiter reichende Frage, ob die allgegenwärtige Digitalisierung nicht nur einzelne Arbeits- und Lebensbereiche tangiert, sondern eine Veränderung der gesamten sozioökonomischen Verfassung kapitalistischer Gesellschaften mit sich bringt – Stichwort

---

9 Die Literatur zum Post-Fordismus ist umfangreich. Als Beispiele seien genannt Hirsch 1986; Liepitz 1997, 1998; vgl. aktueller auch Hoffmann 2006.

10 Vgl. zum Wandel von Arbeit ab etwa den 1980er Jahren beispielhaft aus subjektorientierter Perspektive mit Fokus auf eine Entgrenzung und Subjektivierung von Arbeit Gottschall/Voß 2005; Moldaschl/Voß 2003; Voß 1998; Voß/Weiß 2005, 2013; s. a. Jochum 2013. Vgl. speziell zum Thema Post-Taylorismus Bechtle 1989; Sauer 2005, 2018; kurz auch Marrs 2018. Vgl. zu der mit betrieblichen Entgrenzungen häufig verbundenen indirekten Steuerung von Arbeit u. a. Peters/Sauer 2005 und 2006.

11 Vgl. zum Internet schon früh etwa Stoll 1995; Castells 2001, 2005; Negropronte 1995; sozialpsychologisch Turkle 1989; s. a. den Überblick von Papsdorf 2001. Ein Spezialthema wurde die zuerst als Share Economy oder Wikinomics bezeichnete verstärkt ökonomische Rolle der User (vgl. Benkler 2006; Chesbrough 2003, Hippel, v. 2005; Tapscott/Williams 2006).

12 Vgl. zur Internetökonomie prominent etwa Brynjolfsson/McAfee 2014, Lanier 2014, 2018; McAfee/Brynjolfsson 2017; Morozov 2011, auch schon Zuboff 1988, 2004.

»Digitaler Kapitalismus«[13] oder auch »Big Data Kapitalismus«[14]. Die Frage nach den Folgen für die Arbeitswelt bekommt mit dieser Sicht eine völlig neue Qualität. Eine anfänglich mit dem Internet verbundene Hoffnung auf eine ›freiere‹, etwa mit dem »Sharing« (der freien zur Verfügungstellung von Inhalten im WWW) verbundenen Arbeit[15] wurde bald von der Realität einer nach wie vor kapitalistisch beherrschten Arbeit mit jetzt digitalen Werkzeugen und den Möglichkeiten des Web2.0 bzw. der Social Media enttäuscht (»Plattformökonomie«, »Crowdworking«, »Clickworking« usw.).[16] In weiten Bereichen etwa der traditionellen Arbeitssoziologie fokussieren sich Forschungen nach wie vor auf gewohnte Themen wie Arbeitsfolgen neuer Technologien, jetzt vor allem bezogen auf eine Informatisierung und Robotisierung industrieller Arbeit oder dann zunehmend auch auf den Einsatz sogenannter »Künstlicher Intelligenz«[17] in Unternehmen – Stichwort »Arbeit 4.0« oder »Industrie 4.0«.[18] Erst jüngst ging es bei der Frage nach einem grundlegenden Wandel von Arbeit in der als »Digitaler Kapita-

---

13 Vgl. zur Diskussion um einen Digitalen Kapitalismus u. a. Jochum/Schaub 2019; Daum 2017, 2019; Mayer-Schönberger/Ramge 2017; Morozov 2011, 2013; Staab 2019; Yeritsian 2017; Welzer 2017; West 2019; Zuboff 1988.

14 Vgl. zu Big Data und Big Data Kapitalismus u. a. Chandler/Fuchs 2019; Daum 2019; Kappler u. a. 2017; O'Neil 2017; Reichert 2014; Schirrmacher 2017; West 2019.

15 Vgl. zu einer, wie manche meinen, digital ermöglichten Free Labor oder Share Work u. a. Cockayne 2016; Keen 2007; Terranova 2000, 2004, 2017; Scholz 2013.

16 Vgl. zur Plattformökonomie etwa aktuell Crouch 2019; Dolata 2019; Srnicek 2018; vgl. auch Kleemann u. a. 2012. Vgl. zu Crowdworking und Clickworking z. B. Benner 2014; Gray/Suri 2019; Lehrmeister/Dorwald/Zogaj 2017; Papsdorf 2009; Pongratz/Bormann 2017; Warter 2016.

17 Künstliche Intelligenz (KI) oder Artificial Intelligenz (AI) ist kein wirklich neues Thema (technisch wie allgemein), hat aber aktuell Konjunktur, auch in der Öffentlichkeit. Dazu hier nur eine Auswahl neuerer informativer Titel für ein eher allgemeines Publikum: Bostrom 2014; Daum 2019; Eberl 2016; Ramge 2018; Tegmark 2017; Voland 2018. Vgl. aber auch den frühen kritischen Text von Weizenbaum 1974 und (auch weil es wenig Beachtung findet) das noch ältere, aber überaus kritische und vor allem derzeit erneut sehr lesenswerte späte Buch des Erfinders des Begriffs Kybernetik, Norbert Wiener 1952.

18 Vgl. aus der großen Zahl von Arbeiten in Deutschland, insbesondere mit Blick auf die Dramatik der Veränderungen und mögliche Arbeitsplatzfolgen, u. a. Boes/Langes 2019; Boes u. a. 2015; Hirsch-Kreinsen/Ittermann/Niehaus 2018; Pfeiffer 2018; Seibring 2017; Schmiede 1996.

lismus« bezeichneten Wirtschaftsweise um eine im Kern auf neue Weise kapitalistisch geprägte »Digitale Arbeit« jenseits der Vorstellung einer über Social Media organisierten »Plattformökonomie« usw.[19]

Konzepte der ersten Kategorie waren dominant *ökonomisch* mit traditionell kapitalismuskritischem Duktus ausgerichtet, oft verbunden mit der Diagnose eines politisch wie auch ökonomisch induzierten Verfalls sozialer Errungenschaften, durch die der Kapitalismus für fast ein halbes Jahrhundert eingehegt werden konnte. Nicht selten waren die Analysen davon geprägt, dass eine sozioökonomische Phase in etwas noch nicht klar erkennbar Neues übergeht, was zu den schon erwähnten Bezeichnungen »Post-Taylorismus«, »Post-Fordismus« oder allgemeiner »Post-Moderne« führte.[20]

Die zweite Art von Erklärungsansätzen interessiert sich mehr für die andersartige konkrete Qualität der neuen Arbeits- und Sozialverhältnisse, setzt sich damit aber auch dem Vorwurf eines »Technologischen Determinismus« aus. Hier wird das »Digitale« als neue werkzeugartige *Technik* zumindest latent zum entscheidenden Treiber der Veränderungen in Arbeit und Gesellschaft erklärt.

2.2 Kapitalistische Charaktermasken oder Helden von Big Tech

Als Erklärungsmuster für den strukturellen Wandel von Ökonomie und Gesellschaft im Übergang zum Kapitalismus des 21. Jahrhunderts ist durchaus häufig zu finden, dass inspirierte, mutige und talentierte Persönlichkeiten die entscheidenden Treiber der Veränderungen sind.

---

19 Vgl. zu Digitaler Arbeit u. a. Chandler/Fuchs 2019; Fuchs 2014; Fuchs/Sevignani 2013; Papsdorf 2019; Spencer 2016.

20 Vgl. zur Post-Moderne etwa Bauman 1999; Eagleton 1997; Kamper 1988. Selbst Ulrich Becks anspruchsvolles Konzept der »Reflexiven Moderne« (v. a. 1986, s. a. auch Beck/Bonß 2009; Beck/Giddens/Lash 2014) entkam genau genommen nicht einer solchen nahezu ins Leere laufenden Engführung.

Derartige Stories durchziehen die gesamte Wirtschaftsgeschichte,[21] aber spätestens mit dem immensen technischen und ökonomischen Erfolg der Unternehmen im Silicon Valley hat eine solche Sicht Hochkonjunktur, auf beiden Seiten des intellektuellen und politischen Spektrums. Es hat den Anschein, als ob sowohl die regelrecht explodierende kapitalismusnahe Diskussion zum digitalen Wandel als auch der sich nach und nach entwickelnde neue technisch orientierte Antikapitalismus jeweils ihre Helden oder Schurken brauchen und finden.

Ob man nun das Denken in Helden und Schurken akzeptiert oder ablehnt, es ist nicht zu leugnen, dass die spektakulären Frontpersonen des Big Tech große Macht haben und auch noch angemessen reich sind, sehr reich sogar. Jeff Bezos zum Beispiel, der Besitzer von Amazon, ist mit Abstand der reichste Mensch auf unserem Planeten (mit einem Privatvermögen 2019 von 165,6 Mrd. US-Dollar). Spätestens nach ihrem Tod werden auch die Helden des Digitalzeitalters mit umfangreichen Biographien gewürdigt (vgl. z. B. Isaacson 2012 für Steve Jobs). Gut politökonomisch gedacht müsste man aber bestreiten, dass es bei einer sozioökonomischen Analyse um einzelne Personen geht. Nach Marx zumindest handelt es sich bei ihnen um »Charaktermasken«, die in der theoretischen Analyse vom »persönlichen Individuum« zu unterscheiden und abzusetzen sind. Selbst wenn einem die Begrifflichkeit geläufig sein sollte, ist es aufschlussreich, die Idee der »Charaktermaske« noch einmal im Marxschen Original nachzulesen – auch um zu verstehen, dass es dort zwar um »Klassenindividuen« geht, die aber die »persönlichen Individuen« in ihrem Alltag trotzdem analytisch nicht schlicht verdrängen können. Dieser Kontrast wird im vorliegenden Text aufgrund der angelegten Subjektorientierten Perspektive noch öfter eine Rolle spielen.[22]

»Zur Vermeidung möglicher Missverständnisse ein Wort […], […] es handelt sich hier um Personen nur, insoweit sie die Personifikationen ökonomischer

---

21 Vgl. etwa Biographien zu Henry Ford (z. B. aktuell Watts 2006), der sich auch autobiographisch würdigte (Ford 1923), oder zu Rockefeller in den USA (aktuell Chernow 2004) und zu Krupp in Deutschland (als Personen-, Familien- und Konzern-Biographie, Gall 2001).

22 Vgl. mehr zum Marxschen Begriff »Charaktermaske« Matzner 1964; Münz 1979.

Kategorien sind, Träger von bestimmten Klassenverhältnissen und Interessen« (Marx 1969 [1867], S. 16).

»Die Personen existieren hier nur füreinander als Repräsentanten von Ware und daher als Warenbesitzer. Wir werden überhaupt im Fortgang der Entwicklung finden, daß die ökonomischen Charaktermasken der Personen nur die Personifikationen der ökonomischen Verhältnisse sind, als deren Träger sie sich gegenübertreten« (Marx 1969 [1867], S. 99 f.).

»[…] im Laufe der historischen Entwicklung und gerade durch die innerhalb der Teilung der Arbeit unvermeidliche Verselbständigung der gesellschaftlichen Verhältnisse tritt ein Unterschied heraus zwischen dem Leben jedes Individuums, soweit es persönlich ist und insofern es unter irgendeinen Zweig der Arbeit und die dazugehörigen Bedingungen subsumiert ist. […] Der Unterschied des persönlichen Individuums gegen das Klassenindividuum […] tritt erst mit dem Auftreten der Klassen ein […].« (Marx/Engels 1978 [1932], S. 75 f.). Ein wenig anders klingt das dann im Folgenden, und es lohnt sich, die Passage genau zu lesen: »Wie man daher immer die Charaktermasken beurteilen mag, worin sich die Menschen hier [in der Warenproduktion] gegenübertreten, die gesellschaftlichen Verhältnisse der Personen in ihren Arbeiten erscheinen jedenfalls als ihre eignen persönlichen Verhältnisse [sic!] und sind nicht verkleidet in gesellschaftliche Verhältnisse der Sachen« (Marx 1969 [1867], S. 91–92).

Gelegentlich tauchen auch bei Zuboff die üblichen Namen auf, weil ihre Idiosynkrasien doch nachhaltige Spuren hinterlassen in der Art und Weise, wie Konzerne agieren, Shareholder hin oder her: Mark Zuckerberg/Sheryl Sandberg (Facebook), Jeff Bezos (Amazon), Larry Page/Sergey Brin (Google bzw. Alphabet), Steve Jobs/Steve Wozniak/ Tim Cook (Apple), vielleicht auch noch Bill Gates/Steve Ballmer (die Gründer von Microsoft). Dass Trevis Kalanick (Uber) bei Zuboff nicht genannt wird, ist kein Schaden, aber Jack Ma (Alibaba) sollte man schon kennen, vielleicht auch Satya Narayana Nadella und John W. Thompson (die aktuellen Chairpersons von Microsoft).

Konkrete Personen spielen also durchaus eine Rolle bei den hier verhandelten Themen. Die Frage ist nur, wie man damit umgeht. Wenn hier dafür plädiert wird, soziologisch die »Subjekte« für eine Analyse des sich ausbildenden Überwachungskapitalismus ins Auge zu fassen, geht es weder um »individuelle Personen« noch um »Klassenindividuen«, von denen bei Marx die Rede ist. »Subjekt« ist hier eine strukturelle Kategorie, die die wirklichen, historisch konkreten Individuen (außer in der subjektorientierten Empirie) bei Seite lässt, aber nicht der Überabstrahierung der konventionellen Klassenanalyse verfällt. Bei Subjekt geht es um eine personen- und alltagsnahe Größe, die als typischer oder charakteristischer Player (nicht »Charaktermaske«) auf neuartige Weise in einem sich ändernden kapitalistischen »Spiel« fungiert. Daher wird im Folgenden auch oft der Ausdruck »Figur« (wie eine »Spielfigur«) Verwendung finden.

2.3 Subjektorientierte Blicke auf den Wandel mit Fokus auf neue Figuren von Arbeitskraft

Soziologische Positionen, die der hier eingenommenen subjektorientierten Perspektive nahestehen, wollen sich traditionell den Engführungen sowohl ökonomistischer als auch technizistischer Deutungen gesellschaftlicher Umbrüche entziehen. Zugleich ist ihr Ziel von Beginn an, die Einseitigkeiten strikt strukturorientierter oder eng handlungsorientierter mikrosoziologischer Erklärungen zu vermeiden – und trotzdem beides im Auge zu behalten und dabei den (namengebenden) Fokus auf das Subjekt als zentrale analytische Orientierung beizubehalten. Wenn aus einer solchen Perspektive nach den fundamentalen sozioökonomischen und technischen Veränderungen seit den 1970 bis 80er Jahren gefragt wird (etwa mit Blick auf die Auswirkungen des Post-Taylorismus und Neoliberalismus), und dann die noch einmal forcierte Dynamik seit dem Übergang zum 21. Jahrhundert Thema wird (mit Akzeptanz der Einflüsse von Internet, Robotik, Big Data, KI usw.), steht damit weiterhin der Wandel gesellschaftlicher Formen und Funktionen von *Subjektivität* im Zentrum. Die Umsetzung dieses Ziels erfolgt mit der oben ausgeführten strukturellen Sicht auf das Subjekt, wofür der Ausdruck »Figur« eingeführt wurde.

Eine derartige Fokussierung auf Subjektivität prognostizierte schon vor einiger Zeit den *Arbeitskraftunternehmer* als neue Grundform von Arbeitskraft, der als neuartige Figur nach und nach in die kapitalistische Dynamik tritt und historisch zunehmend eine wichtige Rolle spielt.

2.3.1 Der Arbeitskraftunternehmer

Die zentrale These zum Arbeitskraftunternehmer[23] lautet, dass die schon von Marx thematisierte und dann von Bravermann popularisierte Feststellung einer im Kapitalismus notwendigen betrieblichen »Transformation« von latenter Arbeitskraft (vgl. Minssen 2006, S. 15 ff.) in manifeste Arbeit durch manageriale »Kontrolle« (Marx 1969 [1867], z. B. S. 199 ff.) mit dem Wandel der Arbeits- und Betriebsverhältnisse im letzten Drittel des 20. Jahrhunderts zunehmend von den Arbeitenden selbst übernommen wird. Es bildet sich ein neuer gesellschaftlicher Leittypus von Arbeitskraft heraus, der nach und nach zu dem bisher typischen beruflichen Arbeitnehmer in Konkurrenz tritt und durch drei Merkmale gekennzeichnet ist:[24]

- *Tätigkeit – Selbst-Kontrolle.* Arbeitende gestalten im Zuge des Übergangs zu post-tayloristischen Verfahren der Arbeits- und Betriebsorganisation und einer post-fordistischen Gesellschaftsregulation ihre Tätigkeiten zunehmend in Eigenregie. Sie übernehmen damit (zumindest in Teilen) die Managementfunktion der Überführung ihres latenten

---

23 Wenn mit »Arbeitskraftunternehmer« ein auf den ersten Blick grammatikalisch männlicher Begriff gewählt wird, versteht sich das als eine genderneutrale Benennung des abstrakten Typus und soll keinerlei gegenderte Bedeutung transportieren. Das gleiche gilt für die anderen Typen, also den »arbeitenden Kunden«, den »arbeitenden Roboter« und den hier interessierenden »arbeitenden Nutzer«. Für alle Typen ist festzuhalten, dass sich empirisch komplexe (und unterschiedliche) Verteilungen von Geschlechteraspekten finden, die sich zudem in einem deutlichen Wandel befinden.

24 Vgl. zur These des Arbeitskraftunternehmers v. a. Voß/Pongratz 1998; auch Pongratz/ Voß 2003a, 2003b, 2003c, 2004; vgl. auch mit einer an Foucault angelehnten Sicht Bröckling 2007; kurz zur These auch Minssen 2006 (insbes. S. 15 ff. und 154 ff.) sowie zum Thema der Kontrolle von Arbeit als Versuch, das Problem der Transformation zu bewältigen, allgemein Braverman 1977 (v. a. S. 46 ff.).

Arbeitsvermögens (hier als formierte »Arbeitskraft«[25]) in Arbeitsleistung, auch im Rahmen abhängiger Beschäftigung. Die für diese Funktion zentrale »Kontrolle« von Arbeit wird damit partiell auf die Betroffenen verlagert, also betrieblich externalisiert. Primär ist nicht mehr die reaktive Erfüllung fremdgesetzter Detailvorgaben gefordert, sondern die aktive Selbststeuerung im Sinne allgemeiner Unternehmensziele. Arbeitskräfte können dabei jedoch keineswegs im echten Sinne ›frei‹ ihre Arbeit gestalten, da die Verringerung direkter Kontrolle von neuartigen Methoden indirekter Steuerung begleitet ist. Neuartige psychische Beanspruchungen nehmen in der Folge zu.

- *Ökonomie – Selbst-Ökonomisierung.* Beschäftigte verstehen ihre Arbeitskraft (wieder) deutlicher als »Ware«. Ökonomisch eher passiv agierende Arbeitskraftbesitzer müssen verstärkt zu strategisch handelnden wirtschaftlichen Akteuren werden, die ihr Arbeitsvermögen kontinuierlich selbst produzieren und vermarkten – auf dem Arbeitsmarkt, in selbständigen Tätigkeiten wie auch innerhalb von Beschäftigungsverhältnissen.

- *Lebensführung – Selbst-Rationalisierung.* Der vor allem für die individuelle Reproduktion wichtige persönliche Lebenszusammenhang der Arbeitenden gerät auf vielfache Weise in Bewegung. Die traditionelle Teilung in erwerbsbezogene »Arbeit« und freizeitorientiertes »Leben« wird tendenziell aufgehoben. Der Lebensrahmen insgesamt muss in Folge dessen organisatorisch und technisch verstärkt rationalisiert und kurz- wie langfristig konsequenter auf den Erwerb ausgerichtet werden. Das Leben selbst erhält dadurch immer mehr den Charakter eines durchorganisierten Betriebs. Gerade auch dadurch bedingt zeigen sich nach und nach deutliche Folgeprobleme des neuen Typus Arbeitskraftunternehmer, vor allem steigende psychosoziale Belastungen.

---

25 Hier und im Folgenden wird in grober Anlehnung an Pfeiffer (2004) unterschieden zwischen »Arbeitsvermögen« (allgemeine, nicht formell zugerichtete oder auch ›informelle‹ persönliche Fähigkeit zu arbeiten) und »Arbeitskraft« (für erwerbsgerichtete Funktionen systematisch formierte und betrieblich ausgerichtete sowie kontrollierte Arbeitsfähigkeit). Pfeiffer leitet die Unterscheidung aus der Verwendung beider Begriffe bei Marx ab, der sie (was der hier vertretenen Perspektive auf Subjektivität sehr nahe kommt) auf die »Leiblichkeit« und »Lebendigkeit« der Arbeitenden bezieht; vgl. z. B. hier: »Unter Arbeitskraft oder Arbeitsvermögen verstehen wir den Inbegriff der physischen und geistigen Fähigkeiten, die in der Leiblichkeit, der lebendigen Persönlichkeit eines Menschen existieren und die er in Bewegung setzt, sooft er Gebrauchswerte irgendeiner Art produziert.« (Marx 1969/1867, S. 38)

2.3.2 Der arbeitende Kunde

Ergänzend zum Arbeitskraftunternehmer wurde (eine kapitalistische Entwicklungsstufe später und dann schon unter dem Einfluss des sich langsam ausbreitenden Internets) mit dem *arbeitenden Kunden* eine auf die Konsumsphäre gerichtete neue ›reproduktive‹ Leitfigur skizziert. Kern der ersten Figur ist die tendenzielle strukturelle Freisetzung von Arbeitskraft aus den Beschäftigungsverhältnissen des Fordismus und damit ihre wieder verstärkte Warenförmigkeit (»Re-Kommodifizierung«) mit komplexen Folgen auch für die persönlichen Lebensverhältnisse. Mit einer erweiterten sozioökonomischen Sicht postuliert die zweite Figur eine systematische Integration der latent immer schon vorhandenen konsumtiven Produktivität des Privaten und der dabei eingesetzten informellen persönlichen Arbeitsfähigkeiten von Menschen in kapitalistische Produktions- und Verwertungszusammenhänge. Die Konsumenten werden zu informellen Arbeitskräften in einer – jetzt auch jenseits betrieblicher Verhältnisse – entgrenzten kapitalistischen Welt. Auch für diesen Typus gelten charakteristische Merkmale:[26]

– *Tätigkeit – Betriebliche Vernutzung persönlicher Arbeitstätigkeit.* Konsumenten sind zunehmend nicht mehr nur Käufer und Nutzer von Waren und Dienstleistungen, sondern ihr informelles Arbeitsvermögen wird systematisch betrieblich genutzt – aber anders als eine formierte Arbeitskraft in einer formellen Erwerbstätigkeit. Persönliche arbeitsförmige Tätigkeiten geraten so systematisch unter das Regime einer betrieblichen Vernutzung.
– *Ökonomie – Verwertung persönlicher Produktivität.* Kunden werden zur expliziten betrieblichen Wertquelle. Die Menschen sind nicht mehr nur als Erwerbstätige Quelle von Mehrwert, sondern nun auch in ihrer Rolle als Kunden. Die immer schon vorhandene konsumtive Pro-

---

26 Vgl. zur These des arbeitenden Kunden v. a. Voß/Rieder 2006; auch Voß 2005; Rieder/Voß 2010, 2013; Kleemann/Rieder/Voß 2008; vgl. allgemeiner auch Dunkel/ Kleemann 2013. Die Darstellung der Merkmale folgt einer Systematik (Tätigkeit, Ökonomie, Lebensführung), die erstmals für den Arbeitskraftunternehmer entwickelt wurde (vgl. Voß/Pongratz 1989) und danach (auch mit diesem Text) auch auf die anderen neuen »Figuren« übertragen wurde.

duktivität des Privaten wird einer betrieblichen Ökonomisierung neuer Qualität unterworfen, aber in der Regel ohne eine den Leistungen angemessene Vergütung.

- *Lebensführung – Konsumenten als informelle betriebliche Mitarbeiter.* Die produktiven Anteile individueller Konsumtion werden einer gezielten organisatorischen Steuerung und Beherrschung unterworfen. Der Kunde wird dadurch quasi zum informellen betrieblichen Mitarbeiter. Konsumenten nutzen dabei Ressourcen von Unternehmen (z. B. Automaten, Softwaretools usw.), aber auch persönliche technische Systeme, und unterliegen, bezogen auf ihre Mitarbeit (nicht nur beim Warenkauf), betrieblichen Regeln. Dafür gibt es jedoch (bisher) keine passenden Rechtsformen, keinen ausreichenden rechtlichen Schutz, keine geeignete Interessenvertretung u. a. m.

2.3.3 Der arbeitende Roboter

Angesichts des stürmischen technischen Wandels (mit Erscheinungen, die weit mehr verunsichern als das nun allgegenwärtigen WWW) drängt sich auch das Technikthema einer subjektorientierten Analyse auf. Dass das (in ersten groben Überlegungen) zur Prognose einer dritten neuen Leitfigur für gesellschaftliche Arbeit im sich schier überschlagenden Digitalen Kapitalismus führte, könnte erstaunen lassen – vor allem, wenn dem *arbeitenden Roboter* subjektähnliche Züge zugeschrieben werden und damit sogar eine Subjektivierung der neuen Technologien behauptet wird. Auch zu diesem dritten, hier nun technischen Typus von Arbeitskraft lassen sich systematische Merkmale angeben, die an dieser Stelle erstmals analog zu den anderen Figuren entwickelt werden und denen daher ausführlich Raum gegeben wird:[27]

- *Tätigkeit – Neuartige technische Aktivität als subjektähnliche Arbeit.* Maschinelle Systeme auf Basis einer robotisierten (meist durch ›künstliche Intelligenz‹ unterstützten) Technik sind vielgestaltig. Nur selten

---

27 Vgl. zum arbeitenden Roboter Voß 2018a; Voß 2017; siehe ausführlich auch die Präsentation in Voß 2018/19. Vgl. ähnlich Hardt/Negri 2018a, S. 162 ff., die von »maschinischen Subjektivitäten« sprechen.

sind es (bisher) »Roboter« in dem Sinne, dass sie menschenähnliche
Gestalt haben (»Humanoide«). Roboter im weiteren Sinne (»Robotisierte Systeme«) finden sich, oft gar nicht als ›Roboter‹ direkt erkennbar, inzwischen in vielen gesellschaftlichen Bereichen, wie in der heimischen Privatsphäre, im öffentlichen Raum und natürlich in großer Zahl
und Variation in der erwerbsförmigen Arbeitswelt. Dort unterscheiden
sie sich zunehmend von bisherigen in betrieblichen Leistungszusam-
menhängen eingesetzten werkzeugartig deterministisch von Menschen
gesteuerten Maschinen, auch von Apparaten mit hoch entwickelter
Automatisierung. Ihre Basis ist systematisch datenbasiert und nur noch
nachrangig traditionell mechanisch-gegenständlich. Derart robotisierte
Systeme übernehmen immer häufiger unmittelbar produktive Funktionen und sind zu Tätigkeiten im weiteren Sinne fähig, die der menschlichen Arbeit gleichen und diese auch oft passgenau ersetzen können.
Bezeichnende Eigenschaften sind etwa eine erweiterte Umweltoffenheit
im Sinne größerer Flexibilität und Anpassungsfähigkeit, partielle Möglichkeiten, sich eigenständig algorithmenbasiert zu steuern und weiter-
zuentwickeln, Fähigkeiten zu ›sozialer‹ Kooperation und Kollaboration, sogar im unmittelbaren physischen interaktiven Kontakt (sozusagen
von ›Hand zu Hand‹, untereinander und mit Menschen). Zugespitzt
kann man davon sprechen, dass robotisierte Systeme subjektähnliche
Eigenschaften bekommen, was als eine Art »Subjektivierung« von Technik begriffen werden kann. So gesehen sind diese technischen Systeme
eine neue Form leistungsfähiger Arbeitskraft mit ständig steigender Ein-
satzbreite, die immer häufiger mit Menschen zusammenarbeitet, aber
auch mit ihnen konkurriert, etwa wenn es um betriebliche Funktionali-
täten und nicht zuletzt um ›Arbeitsplätze‹ geht.

– *Ökonomie – Forcierte Nutzung und Verwertung technischer Produktivität.* Arbeitende Roboter werden nicht nur, wie bisherige Technik, als
kostenreduzierende und vor allem menschliche Arbeitskraft einsparen-
de Systeme eingeschätzt, die ggf. auch noch eine höhere Flexibilität,
Präzision und Geschwindigkeit in der Produktion ermöglichen. Zunehmend geht es darum, mit robotisierter Technik neue Einsatzmög-
lichkeiten zu generieren. Das ist ein produktiver Vorteil, oft aber auch
Quelle für neue ökonomische Wertschöpfungen. Robotisierte Systeme
sind dadurch auch unmittelbar profitbezogen ein Faktor, der menschlicher Arbeitskraft gefährlich wird: Es wird möglich, Waren zu pro-

duzieren, bei deren Herstellung menschliche Leistung nur noch begleitend oder gar nicht mehr erforderlich ist. Das gilt besonders für fast alle Bereiche der Wertschöpfung in digitalisierten Ökonomien, die Thema dieses Textes sind. Allein die drastisch verbesserte Relation von rein technisch erzielter ökonomischer Wertschöpfung zu traditioneller Profiterzeugung durch eingesetzte menschliche Arbeitskraft (und deren sich zunehmend annähernde Funktionen in den Betrieben) ist ein immenser Vorteil: Google und Co. sind beispielsweise keineswegs die oft befürchteten ›menschenleeren‹ Betriebe, aber der vielzitierte »human factor« ist dort in seiner engeren ökonomischen Bedeutung gegenüber der neuen Technologie mit Abstand nachrangig. Man braucht etwa nur in nächster Zeit zu beobachten, was die aktuelle Umstellung auf E-Mobilität in der Produktion bei VW zur Folge haben wird (z. B. im Produktionswerk Zwickau, das komplett auf die Fertigung von E-Fahrzeugen umstellt), in der Produktauslegung mit systematisch geringeren Teilemengen wie vor allem bei der Organisation der Produktionsvorgänge mit sprunghaft steigender Automatisierung durch Robotisierung. Die wertschaffende ›Arbeit‹ direkt am Produkt werden dort im Kern des Geschehens weithin arbeitende Roboter übernehmen, die nichts anderes sind als eine digital gesteuerte Kombination komplexer Systeme auf Basis nahezu autonomer Algorithmen mit angeschlossenen praktisch-gegenständlichen operativen Elementen. Es sind dort die »Roboter«, die ›das Geld verdienen‹ – ob der Betriebsrat das ahnt, wird eine wichtige politische Frage sein.[28]

– *Lebensführung – Sozio-technische Rahmung.* Arbeitende Roboter haben keine »Lebensführung«, wie man sie aus menschlichen Kontexten kennt. Sie brauchen auch deswegen keine humane Lebensführung, weil sie, anders als menschliche Subjekte, kein biologisches ›Leben‹ (und damit auch kein Lebens-Ende) haben. Sie brauchen aber komplexe Rahmungen für ihre durchaus auch als ›alltagspraktisch‹ zu verstehenden Tätigkeitszusammenhänge. Gerade weil sie zunehmend subjektähnlich agieren, können sie nicht einfach ›vor sich hin‹ agieren. Sie müssen flexibel in von Menschen mitgestaltete Zusammenhänge eingebunden und von Menschen unterstützt werden – gerade

---

28 Die gelegentliche Forderung, robotisierte Technik statt menschlicher Arbeit zu besteuern (z. B. von Bill Gates) ist daher gar nicht so abwegig, wie sie gelegentlich dargestellt wird (vgl. Hagelücken 2017).

auch aufgrund ihrer Kooperationsbeziehungen zu anderen Technik-
einheiten und menschlicher Arbeitskraft. Fast könnte man sagen, dass
dies Basis ihres zunehmend lebendig erscheinenden technischen ›Lebens‹ ist (auch Technik hat einen ›Lebenszyklus‹ mit Anfang und Ende,
aber keinen natürlichen Lebensverlauf), das sie quasi-existenziell aktiv »erhalten« und »führen« müssen. Das anthropologische Argument,
dass nur der Mensch exklusiv sein Leben »führt« (vgl. z. B. Plessner
1928/1975, S. 293, S. 310), das schon mit Blick auf unsere tierischen
Begleiter von jeher falsch war, stößt damit an eine Art ontologische
Grenze – nicht nur als philosophisches Argument, sondern auch praktisch und politisch. Menschliche Arbeitskraft ist in Betrieben in vielfacher Hinsicht weniger denn je ein exklusiver Faktor. Ihr zur Seite treten nicht nur immer mehr die hier interessierenden neuartigen Figuren
humaner Arbeitskraft, sondern auch die neuen technischen Begleiter.
Folge ist, dass sich alle miteinander werden arrangieren müssen.

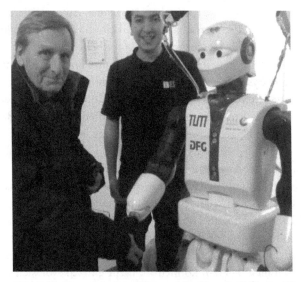

Abb. 1: Der Autor mit einem Humanoiden (Foto: L. Voß/privat)[29]

---

29 Humanoid H1 der DFG/TUM und GGV in einer Mensch-Maschine-Interaktion
   am Institut für kognitive Systeme an der Technische Universität München 2016.
   Mehr zur Abbildung: Foto: L. Voß, privat (Courtesy of MSc. J. Rogelio Guadarrama
   Olvera, Institute for Cognitive Systems, TU München).

Freunden subjektorientierten Denkens, die sich angesichts solcher Thesen womöglich konkurrierenden Theorien zuwenden wollen, sei versichert: Es geht immer noch um die altgewohnte Frage nach dem *Subjekt* (meist als humanes Subjekt) und auch nach wie vor um das Thema *Alltägliche Lebensführung.*

Es zeigt sich nämlich für alle im Übergang zum 21. Jahrhundert prognostizierten neuartigen Leitfiguren gesellschaftlicher Arbeitskraft, dass die alltagspraktische Basis dessen, was getan wird, Lebensführung ist: als individuelle und gesellschaftliche Rahmung für neuartige Arbeit und Produktivität, in veränderter Weise und mit oft noch unbekannten Folgen. Den Arbeitskraftunternehmer kann man ohne Rekurs auf seine Lebensführung genauso wenig verstehen wie den arbeitenden Kunden, ja sogar in gewisser Weise den arbeitenden Roboter. Denn auch letzterer braucht eine Art alltagspraktischen Bezugsrahmen für die subjektähnlichen Leistungen, die in neuartigen Mensch-Maschine-Interaktionen erbracht werden sollen. Das gilt auch dann, wenn im Folgenden dem subjektorientierten Kabinett neuartiger kapitalistischer Arbeitskräfte eine weitere Figur hinzugesellt werden soll.

Bevor diese neue (durchaus noch sehr menschliche) Figur von Arbeitskraft Thema wird, soll ein Rekurs auf die Analysen von Zuboff zeigen, dass es ihr – wie sie immer wieder betont – vorrangig nicht um Technik geht. Aber sie hat nicht daran gedacht, dass im Hintergrund auch ihrer Überlegungen eigentlich als »umfassende(s) Thema« das »Subjekt« stehen müsste (Foucault 2007, S. 81). Für derartige Ergänzungen und eigene Interpretationen in diesem Sinne soll hier Raum sein.

3. Eine historisch neuartige Grundlage kapitalistischer Reproduktion

Das Buch von Zuboff (Zuboff 2018)[30] verdient in mehrfacher Hinsicht Aufmerksamkeit. Gemeint sind weniger der Umfang des Buchs (727 Seiten) und der Arbeitsaufwand (7 Jahre Recherche- und Schreibarbeit) als vielmehr der anspruchsvolle analytische Fokus und der breite Argumentationsbogen. Dass Basis des Vorhabens neben intensiven Internetanalysen zahlreiche Experteninterviews im Silicon Valley sind, Zuboff als theoretische Bezugspersonen die oben erwähnten Geistesgrößen (vgl. Abschnitt 1.1) nennt und das Ganze mit einer dezidiert sozialkritischen Position verbunden ist, werden auch Einige in der Soziologie mit Anerkennung registrieren. Aber kann eine Harvard-Ökonomin im Bereich Business Administration es wirklich wagen, sich in eine Phalanx verehrter Klassiker einzureihen und eine sozio-ökonomische Diagnose zu einer neuen Stufe kapitalistischer Reproduktion vorzulegen? Bescheiden ist das nicht.

Die Eckpunkte der Analyse wurden eingangs schon genannt. Die zentrale Annahme postuliert eine grundlegend *veränderte Qualität der Entstehung kapitalistischer Gebrauchs- und Tauschwerte* und deren Realisierung auf *neuen Märkten*. Die Veränderung resultiert für Zuboff nicht aus einem gewandelten Regulationsmodus (wie etwa in den Thesen zum Post-Fordismus) und vor allem auch nicht in erster Linie aus dem aktuellen technischen Wandel. Damit sind die entscheidenden

---

30 Die amerikanische Fassung des Buchs erschien ein Jahr nach der deutschen Ausgabe (Zuboff 2019a). Frühe Berichte über ihre Arbeiten an der Studie erschienen in den USA (2015) und danach in einem Gastbeitrag in der FAZ (Zuboff 2016). Siehe auch die aufschlussreiche Keynote in einem deutschen Kontext (Zuboff 2018a) und aktuell in einem Blogbeitrag (Zuboff 2019b).

Akteure auch nicht die politischen Verdächtigen des letzten Jahrhunderts (Thatcher, Reagan, Clinton, Blair, Schröder u. a. m.). Nein: Treiber sind ihrer Ansicht nach allem voran Google Inc. und die anderen der fünf »Big Tech« (gefolgt von mächtigen Newcomern in China), also große ökonomische Konglomerate neuer Art. Im Zentrum der Studie steht eine neuartige strukturelle Logik für nicht weniger als einen neuartigen Kapitalismus – digital vermittelt, aber eben kein Digitaler Kapitalismus. Grundlage der neuen kapitalistischen Reproduktionsweise sei eine Entdeckung – nicht die Entdeckung neuer Produktivkräfte (wie man gut marxistisch erwarten würde), sondern, völlig altmodisch, eines veritablen *neuen Rohstoffs*. Kann das sein?

3.1 Der »neue Rohstoff«

In den wenigen intensiveren Stellungnahmen zum Buch von Zuboff jenseits des Journalismus fällt auf, dass, getriggert durch den Ausdruck »Überwachungskapitalismus«, vorwiegend die digitaltechnologische Dynamik und ein mangelnder Schutz von Nutzerdaten als entscheidend für die Analysen hervorgehoben werden – obwohl Zuboff sich regelmäßig dagegen wehrt. (Vgl. z. B. Zuboff 2018a) Selbst wenn das kapitalismusanalytische Anliegen näher beachtet wird, bleibt das Kernargument oft unzureichend verstanden: Es geht wirklich um einen bis vor Kurzem nicht bekannten, oder zumindest nicht systematisch für ökonomisch relevant gehaltenen, produktiv nutzbaren Rohstoff mit einer neuartigen Übertragung in verwertbare Warenform, dessen Realisierung auf Märkten gleichfalls einer neuen Logik folgt. Das klingt nahezu nach marxistischem Denken, auch wenn sich Zuboff nur gelegentlich auf Marx bezieht (z. B. Zuboff 2018, S. 124).

Es lohnt sich, dem Buch dabei zu folgen, wenn die schrittweise Entdeckung des Rohstoffs am Beispiel von *Google* beschrieben wird (Zuboff 2018, S. 85 ff.). Der weltweit erfolgreiche Betreiber einer Suchmaschine schaffte es lange Zeit nicht, aus seinem Erfolg Profit zu schlagen. Erst als man (gegen Widerstände intern und bei Nutzern) Werbemöglichkeiten anbot, konnte sich das ehemalige Startup von Stanfordabsolventen aus der Verlustzone befreien und einem drohenden Konkurs entgehen. Der endgültige Durchbruch gelang, als man erkannte, dass über das Suchverhalten der User in gigantischem Ausmaß *Informationen über Personen* anfallen (über ihre Merkmale, ihr Verhalten im Netz, ihre Offline-Aktivitäten und damit ihr gesamtes Leben) und daraus mit wenig Zusatzaufwand datenanalytisch weitere Folgerungen zu erschließen sind. Auf dieser Basis gelang es, zielgenau personengruppenbezogene Werbung zu entwickeln und zu vermarkten. Jetzt waren nicht mehr die User die »Kunden« (was sie ohnehin nie waren, wie Zuboff richtig herausstellt), sondern weltweit Werbetreibende, die bereit waren, hohe Beträge in diese neuen Google-Produkte zu investieren. Folge waren sprunghaft steigende ökonomische Erfolge von Google. Damit aber nicht genug. Nach und nach begriff man, dass man die umfangreichen Nutzerinformationen nicht nur für gezielt platziertes sogenanntes »targeted advertising« verwenden konnte, sondern dass man in die Lage kam, das Verhalten von Menschen (oder distinkten Gruppen) nahezu vorherzusagen – und zwar nicht nur potenzielles Kaufverhalten (was die Werbeindustrie und das Marketing von Unternehmen interessiert), sondern weit darüber hinaus Verhalten in fast allen Lebensbereichen.

Mit der Enthüllung der millionenfachen Weitergabe von User-Daten bei Facebook an die Datenanalysefirma Cambridge Analytica und deren Beitrag zur Beeinflussung der Präsidentenwahl Trump gegen Clinton[31] wurde ein derartiges Vorgehen auch einer breiteren Öffentlichkeit bewusst – obwohl schon bei beiden Obama-Wahlen solche Verfahren mit großem Erfolg angewendet worden waren. Google ging danach dazu über, nicht nur alle dem Konzern bisher zur Verfügung stehenden Nutzerinformationen auszuwerten, sondern immer neue Wege zu entwickeln, mit denen flächendeckend Verhaltensdaten aller Art erfasst werden können (besonders erfolgreich über Google-Maps). Zunehmend bezog sich das dann nicht nur auf Internetaktivitäten, sondern durch den Anstieg von als »smart« bezeichneten Daten-

---

31 Vgl. zum Skandal um Cambridge Analytica die beeindruckende Filmdokumentation »The Great Hack« auf Netflix (Amer/Noujaim 2019).

nutzungen, von Smart-Home, Smart-Health, Smart-Entertainment, Smart-Finance, Smart-Mobility bis Smart-City,[32] auf immer mehr Lebenssphären. Zuboff bezeichnet die eher zufällig entdeckten und dann aus immer weiteren gesellschaftlichen Bereichen abgesaugten Informationen über Nutzer als »*Verhaltensüberschuss*«, der dann zu jenem neuartigen Rohstoff wird, den zuerst Google und dann alle anderen immer intensiver auszubeuten begannen. Es geht bei diesem Vorgang nicht nur darum, den neuen Rohstoff gezielt etwa für Werbung profitabel zu machen, sondern ständig nach neuartigen Verwertungs-Möglichkeiten zu suchen oder diese überhaupt erst zu schaffen. Dieser Prozess steht, wie plausibel gezeigt wird, faktisch erst am Anfang, nimmt aber weltweit sprunghaft zu.

Zuboff wählt einen historischen Vergleich, um die Tragweite dieses Geschehens zu veranschaulichen: So wie Kolumbus unverhofft und unvorbereitet eine neue Weltregion entdeckte (Zuboff 2018, S. 207; vgl. ausführlich Jochum 2017)und deshalb fast bei seiner Auftraggeberin Isabella von Kastilien hätte rückfragen sollen, was damit zu geschehen habe, entdeckten auch Google und Nachfolger bisher ökonomisch unbekanntes und vor allem rechtlich besitzloses Terrain – unbekannt und besitzlos damals aus Sicht der Kolonisatoren und heute aus Sicht von Google und Co., nicht jedoch in der Wahrnehmung der betroffenen ›Ur-Einwohner‹. Die Parallelen sind schlagend! Wie bei den Eroberern im 15. Jahrhundert setzt auch heute auf nahezu klassische Weise ein sich verstärkender *Kreislauf der Ausbeutung* ein. Auf die überraschende Entdeckung folgt eine meist latent repressive (teilweise gewaltsame)

---

32 Der momentane Höhepunkt solcher Strategien ist der Versuch von Facebook, eine eigene, bitcoinähnliche Währung auf Basis der Blockchaintechnologie einzuführen (»Libra«). Nach Einschätzung vieler Experten könnte das weltweit das Finanzgeschäft auf den Kopf stellen, mit der Gefahr, dass die bisher über Zentralbanken regulierten nationalen Geldsysteme völlig ins Hintertreffen geraten. Auch hier geht es nicht nur um mit Finanztransaktionen zu erzielende endlose Gewinne (Facebook könnte in manchen Weltregionen aufgrund unzureichender Banksysteme komplett die Geldtransfers der Bevölkerung übernehmen), sondern um neue Chancen, überwachungskapitalistische Rohstoffe zu gewinnen. (Vgl. Sandner/Groß/Bekemeier 2019) Ob die Bemühungen einiger Regierungen in Europa, den Angriff von Facebook auf die Finanzsysteme abzuwehren Erfolg haben wird, bleibt abzuwarten.

sowie oft gezielt verschleierte »Eroberung« und »Inbesitznahme« mit anschließender »Enteignung«, aufwändiger »Gewinnung« des gefundenen Rohstoffs und schließlich rasanter »Vermarktung« mittels neuer Produkte (»Extraktionszyklus«, vgl. für alle Begriffe Zuboff 2018, z. B. S. 123 ff. und 155 ff.). Zuboff beschreibt pointiert den dabei aus betrieblicher Sicht entscheidenden Punkt: Zentral sei »die Fähigkeit, rechtsfreie gesellschaftliche Räume zu erkennen, aufzubauen und seinen Anspruch darauf anzumelden« (Zuboff 2018, S. 129), um sich diese als Claims für neue Rohstoffquellen und damit für erweiterte Profitchancen zu sichern. Auf den erhellenden Vergleich mit Kolumbus wird der vorliegende Text noch an einigen Stellen zurückkommen.

3.2　Eine neue »Great Transformation«

Das Besondere dieses neuartigen kapitalistischen Rohstoffs ist seine spezifische sachliche und fast schon ontologische Qualität. Es geht nicht mehr um gegenständliche Materialien, die zu neuen materiellen Produkten werden sollen. Es geht auch nicht um Informationen, die neue Serviceleistungen für Konsumenten und gezieltere Werbung ermöglichen können. Der auszubeutende neue Rohstoff ist das umfassende Wissen über das Handeln und die Lebensweise von Menschen, ja sogar ihre Körper und deren Zustand, ihre Emotionen, ihre politischen Überzeugungen, zutiefst persönliche Vorstellungen und Phantasien u. v. a. m. (vgl. Zuboff 2018, S. 279 ff.). Der dafür von ihr im Englischen gewählte Ausdruck »behavioral surplus« suggeriert eine Nähe zu »Mehrarbeit« oder »Mehrwert« bei Marx, bleibt aber letztlich eine schiefe Metapher.[33]

33　Der Begriff »behavioral surplus« hat möglicherweise auch eine Nähe zum Verhaltensbegriff des psychologisch-soziologischen Konzepts des Behaviorismus, den Zuboff vor dem Hintergrund eigener Erfahrungen mit dem rigoros auftretenden Ansatz während ihres Studiums einer intensiven Kritik unterzieht und als intellektuelle Vorbereitung des Überwachungskapitalismus beschreibt. (Vgl. Zuboff 2018, S. 485 ff.)

Aufschlussreicher und klarer ist die explizite Anlehnung an die Idee einer »Großen Transformation« von Polanyi. Mit ihr soll gezeigt werden, dass die zentrale These zum Überwachungskapitalismus in analoger Weise eine gezielte ökonomische Erschließung gesellschaftlicher Sachverhalte beschreibt, die bis dahin noch nicht Objekt kapitalistischer »Warenfiktion« (Polanyi) und einer darauf aufbauenden profitorientierten Verwertung geworden waren. Zuboff will damit eine neue Phase kapitalistischer Ökonomie und Gesellschaft begreiflich machen: eine zweite »Great Transformation« auf neuer historischer Stufe, deren erste Erscheinungen und Auswirkungen wir gerade erleben, mit offenem Ende. War es bei Polanyis Buch zur Entstehung des institutionalisierten modernen Kapitalismus die Überführung von Boden in warenförmig verwertbares »Land«, von Arbeit in die ausbeutbare Ware »Arbeitskraft« und von Geld in investiv verwendetes »Kapital«, ist es bei Zuboff die »Kommodifizierung von Verhalten« (Zuboff 2018, S. 125), mit der »[…] unser Leben in Verhaltensdaten umgewandelt wird« (ebd.) und wir zu »ahnungslose[n] Rohstofflieferanten in einem breiter angelegten Ertragszyklus« (Zuboff 2018, S. 111) werden.

3.3 Rendition, Datafizierung, Prognose und Verhaltenssteuerung

Zuboffs Blick auf den Verhaltensüberschuss reicht weit über die Feststellung hinaus, dass daraus ein neuer kapitalistisch genutzter Rohstoff wird. Sie betont eindringlich, dass das erfasste menschliche Verhalten mit der Überführung in eine verwertbare Ware über mehrere Schritte grundlegend aufbereitet und verändert wird. In Übertragung eines technischen Begriffs nennt sie die Aufbereitung der Informationen über Menschen und ihr alltägliches Leben »*Rendition*«. Erst darüber sei der Rohstoff »Verhalten« betrieblich weiterzuverwenden und zu vermarkten. Es gehe dabei nicht nur um die Extraktion, technische Zurichtung und dann Weiterverarbeitung mittels »*Datafizierung*« der Informationen zu einzelnen Verhaltensakten und Personenmerkmalen, sondern um die Ergreifung und Aufbereitung des gesamten Lebens und der Persönlichkeit von Menschen, um die »Rendition des Körpers« (Zuboff 2018, S. 279 ff.), um die »Rendition des Selbst« (Zuboff 2018, S. 309 ff.), um die Rendition all dessen, »was in den Lücken zwischen menschlicher Erfahrung und Verhaltensdaten passiert« (Zuboff 2018, S. 270). Noch zugespitzter: »Das Überwachungskapital kann gar nicht anders, als mich in meiner Gänze zu wollen und das so weit und tief es nur geht« (Zuboff 2018, S. 333) mit dem Ziel »auch noch das letzte Häppchen gelebter Erfahrung als Verhaltensdaten zu rendern« (Zuboff 2018, S. 274 f.). Und mit Blick auf Facebook heißt es, dass man dort im Vergleich zu Google noch einmal gesteigert »zu einer der autoritärsten und bedrohlichsten Quellen für prädikativen Verhaltensüberschuss aus den Tiefen unseres Selbst geworden [ist, indem man] lernte […] unser Selbst zu plündern – bis in den intimsten Kern« (Zuboff 2018, S. 311).

Die Ergreifung und Aufbereitung von Personen- und Verhaltensinformationen ist für Zuboff jedoch keineswegs der Endpunkt des aufwändigen neuartigen Geschäfts. Was mit den akkumulierten Daten über Menschen letztlich möglich wird, ist wesentlich mehr, als für gezieltere Marketing- und Werbemaßnahmen nutzbare personen- oder gruppenspezifische Informationen zu sammeln. Ziel der mit der riesigen Informationsbasis möglichen fortgeschrittenen Kunst der Datenanalyse sei die Erzeugung spezifischer *Prognosen möglichen Verhaltens der Nutzer* – in welchem Bereich auch immer: von Kauf- und Konsumpräferenzen, über Gesundheitsaktivitäten, Mobilitätsverhalten, sicherheitsrelevante Praktiken u. v. a. m. bis zu Wahlentscheidungen. Derartige Vorhersageprodukte (»prediction products«) werden nach Zuboff zur eigentlich relevanten neuen Profitquelle mit nahezu grenzenlosen Verwertungsperspektiven.

Zuboff fasst ihre Analyse bis zu diesem Punkt in einer für ihre Disziplin typischen Sprache prägnant zusammen – hier im lesenswerten Originalton (vgl. Abb. 2):

»Der Überwachungskapitalismus beansprucht einseitig menschliche Erfahrung als Rohstoff zur Umwandlung in Verhaltensdaten. Ein Teil dieser Daten dient der Verbesserung von Produkten und Diensten, den Rest erklärt man zu proprietärem *Verhaltensüberschuss*, aus dem man mithilfe fortgeschrittener Fabrikationsprozesse [...] *Vorhersageprodukte* fertigt, die erahnen, was (die User) jetzt, in Kürze oder irgendwann tun. Und schließlich werden diese Vorhersageprodukte auf einer neuen Art von Marktplatz für Verhaltensvorhersagen gehandelt, die ich *Verhaltensterminkontraktmarkt* bezeichne« (Zuboff 2018, S. 22, Hervh. i. O.).

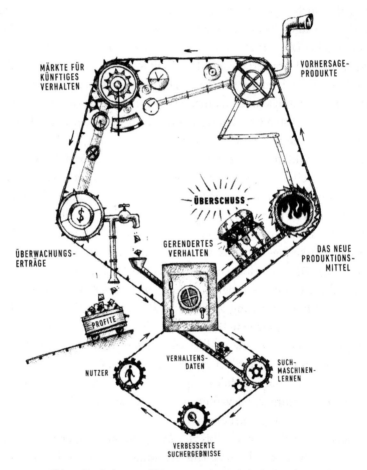

Abb. 2: Entdeckung und Verwertung des Verhaltensüberschusses
(unbek. Künstler/aus Zuboff 2018, S. 121)[34]

---

34 Man erkennt in der Grafik (aus Zuboff 2018) die Dynamik der Entdeckung und Extrahierung des neuen Rohstoffs »Verhaltensüberschuss« mit der Überführung in

Spätestens der auf diese Weise geschilderte Clou der Analyse legt nahe, dass es aus Zuboffs Sicht im neuartigen Kapitalismus bei weitem nicht nur um die Vernutzung und Verwertung des Verhaltensüberschusses von Menschen zur Produktion personen- oder gruppenbezogener Daten geht, mit der Möglichkeit, Verhalten zu prognostizieren und daraus einen neuen Typus vermarktbarer Angebote zu schneidern. Es geht vielmehr darum, so der entscheidende Punkt der Studie, über die datentechnische Aufbereitung und Analyse menschenbezogener Information auf Basis von Verhaltensbeobachtung und dadurch möglich werdender Prognosen Mechanismen zur *Modifikation von Verhalten* und schließlich zur *Steuerung von Menschen* zu entwickeln. Daraus lassen sich noch einmal neuartige Produkte herstellen, die man Interessenten aller Art auf neuartigen Märkten verkaufen kann. Nutzer dessen sind nicht mehr die »User« der Social-Media-Angebote, und es ist auch nicht mehr in erster Linie die am Verkauf von Waren oder Dienstleistungen und darauf bezogener Werbung interessierte konventionelle Ökonomie, sondern gerade auch staatliche oder andere an der gezielten Beeinflussung von Menschen interessierte Instanzen.

»Die Interessen der Überwachungskapitalisten haben sich verlagert, von automatisierten Maschinenprozessen, die alles über unser Verhalten wissen wollen, hin zu Maschinenprozessen, die unser Verhalten in ihrem Interesse gestalten sollen. Anders gesagt [...] *von der Automatisierung des Informationsflusses über uns zur Automatisierung unserer selbst*« (Zuboff 2018, S. 396 f., Hervh. i.O.)

Von dieser Erwartung ausgehen, formuliert Zuboff den – leider oft missverstandenen – Ausdruck »Überwachungskapitalismus«, mit dem sie ihre Analyse in einer pointierten *gesellschaftspolitischen Analyse, Prognose und Forderung* enden lässt: Der neue Kapitalismus sei Grundlage von weit über das traditionell Ökonomische hinausgehenden gesellschaftlichen Veränderungen. Er würde zu einer »zutiefst antidemokratische[n]

---

neuartige Produkte. Es fehlt jedoch die aktive Rolle, die »Nutzer« in diesem Produktions- und Verwertungszyklus spielen.

soziale[n] Kraft«, zu einer »Form der Tyrannei, die sich vom Menschen nährt, aber nicht vom Menschen ist« (Zuboff 2018, S. 586).

Allein schon die Art der Erschließung des neuartigen Rohstoffs und seiner marktorientierten Verwendung führt im Buch immer wieder zu kritischen Kommentaren. Aber mehr noch gibt das Entlarven erster Formen grenzenloser Beeinflussung menschlichen Handelns und Lebens und damit potenziell des gesamten gesellschaftlichen Lebens durch die neuen kapitalistischen Monopole Zuboff Anlass für eine scharfe *politische Warnung*: Der Überwachungskapitalismus habe das Potenzial für eine *alle gesellschaftlichen Bereiche umfassende Macht,* die sie »Instrumentarismus« nennt. Neben dieser Gefahr macht sich die im Buch breit rezipiert Totalitarismusanalyse Hannah Arendts und damit deren Erfahrungen mit dem Faschismus (Zuboff 2018, S. 411 ff., insb. 437) fast schon begrenzt aus. Jetzt erst, so die verstörende Dystopie aus Harvard, drohe eine wirklich in alle Sphären der Gesellschaft, ja sogar vollständig in das Leben der Einzelnen bis hinein in ihre Körper eingreifende und steuernde Herrschaft (»Big Other« statt »Big Brother«, Zuboff 2018, S. 437 ff.).[35] Dass diese Diagnose zu einem leidenschaftlichen Plädoyer für die demokratische Domestizierung einer nun vielleicht totalen Variante von Kapitalismus führt mit dem Ziel der Verteidigung menschlicher Freiheit und der Sicherung von Perspektiven für eine Zukunft als humanes Wesen, überrascht nicht (Recht auf »Freistatt« und »Futur«, Zuboff 2018, S. 545 ff.).

Lassen wir, bevor eine eigene Einschätzung des Themas entwickelt wird, zum Abschluss erneut die Autorin mit einem Rückblick auf ihre Thesen zu Wort kommen:

»Der Überwachungskapitalismus ist eine grenzenlose Marktform, die ältere Unterscheidungen zwischen Markt und Gesellschaft, Markt und Welt oder Markt und Person ignoriert. Er ist eine profitorientierte Form, in der die Produktion der Extraktion untergeordnet ist; Überwachungskapitalisten beanspruchen einseitig die Kontrolle über menschliche, gesellschaftliche und

---

35 Vgl. ähnliche Sozialkritiken mit Blick auf die digitale Gesellschaft bei Daum 2017, 2019 oder Welzer 2017; vgl. auch Schirrmacher 2015 und aktuell Snowden 2019b im Rahmen seiner Biographie.

politische Territorien, die weit hinausgehen über das konventionelle institutionelle Territorium des privaten Unternehmens oder des Marktes. Betrachten wir den Überwachungskapitalismus durch Karl Polanyis Linse, stellen wir fest, dass er menschliche Erfahrung im Namen der Marktdynamik annektiert, sodass sie, als Verhalten wiedergeboren, zur vierten ›Warenfiktion‹ wird. Polanyis ersten drei Warenfiktionen – Boden, Arbeit und Geld – waren dem Gesetz unterworfen. […] Der Enteignung menschlicher Erfahrung durch den Überwachungskapitalismus sind keine solchen Grenzen gesetzt« (Zuboff 2018, S. 588 f.).

4. Subjektorientierte Blicke auf den Überwachungskapitalismus

Die Analysen zum Überwachungskapitalismus beschreiben und erklären in wichtigen Aspekten plausibel einen sich abzeichnenden Wandel der fundamentalen Logik, in der sich als Kapital investierte Finanzkraft über die Produktion und Verwertung von Waren vermehrt. Dieser unter sich ändernden Randbedingung, immer wieder neu zu formierende Mechanismus wird derzeit, so die These von Zuboff, auf eine qualitativ neue historische Stufe gehoben. Zentral für den derzeitigen Wandel ist, dass es gelingt, den beschriebenen neuen Rohstoff produktiv zu nutzen und zu vermarkten. Als grobe makroökonomische Einschätzung ist das ein fast marxistisch klingender Gedanke, auch wenn streng werttheoretisch gesehen manches unklar bleibt.[36] Die Parallelisierung mit Polanyi ist eine wichtige Perspektiven öffnende Einschätzung der ökonomischen Bewegungen, die in Manchem noch hätte ausdifferenziert werden können, zum Beispiel was die Mechanismen der neuen Qualität von Kommodifizierung betrifft. (»Vierte Warenfiktion«, Zuboff 2018, S. 588 f.)

Legt man die hier vertretene Sicht an, zeigen sich weitere Unschärfen, die nicht nur Randaspekte sind. Zwei strukturell gegensätzliche Ebenen von kritischen Fragen an den Text lassen sich dabei unterscheiden:

---

36 Noch liegen keine umfassenderen Stellungnahmen zur Analyse von Zuboff vor. Eine Ausnahme ist die dezidiert marxistische Kritik von Morozov 2019, der der Autorin vorwirft, die allgemeine Logik kapitalistischer Reproduktion zu verkennen, eine konventionelle betriebswirtschaftlich-reformistische Sicht in Fortsetzung ihrer bisherigen Bücher zu kultivieren und vor allem: keine politische Vision für eine andere Nutzung digitaler Technologien vorzulegen.

Zum einen die schon oben gestellte Frage, ob Zuboff nicht systematisch unterschätzt, welche basalen *Leistungen* erforderlich sind, um den neuen Rohstoff überhaupt in ersten Schritten einer kapitalistischen »Gewinnung« zugänglich zu machen. Der subjektorientierte Blick dagegen entdeckt mit dem soziologischen ›Mikroskop‹ ein Feld *alltagsnaher Beiträge der von überwachungskapitalistischen Zugriffen betroffenen Subjekte.*

Zum Anderen die Frage, ob die »Extraktion« und dann »Kommodifizierung« des neuen Rohstoffs nicht auf eine für die kapitalistische Reproduktion immer wieder überlebensnotwendige Neuerschließung bis dahin nicht vereinnahmter Ressourcen verweisen, was – mit einer bekannten marxistischen Theoriefigur gesehen – *einer neuen Qualität kapitalistischer Landnahme* gleichkommt, die Zuboff nicht tiefergehend in Erwägung zieht.[37] Beide Fragen sollen im Folgenden näher betrachtet und subjektorientiert gedeutet werden.

4.1 Gewinnung des überwachungskapitalistischen Rohstoffs – Neuartige Arbeit einer neuartigen Arbeitskraft

Um sich dem neuen Rohstoff und seiner Gewinnung subjektorientiert zu nähern, ist es hilfreich, zuerst zu fragen, was damit genau gemeint sein kann. Der Ausdruck »behavioral surplus« suggeriert zwei Einschränkungen, denen man nicht umstandslos folgen sollte und die potenziell irreführend sind.

---

37 Man findet zu einer solchen Perspektive bestenfalls Andeutungen. (Vgl. z. B. Zuboff 2018, S. 124)

4.1.1 Verhaltensüberschuss: Alltägliche menschliche Lebens-Spuren

Zunächst geht es bei der These eines neuen Rohstoffs nicht nur um »Verhalten«, selbst wenn man einen weiten behavioristischen Verhaltensbegriff anlegt. Es geht letztlich um alle möglichen (genau genommen alle denkbaren und, mehr noch, alle ›noch nicht denkbaren‹) Hinterlassenschaften von Menschen – und zwar lange bevor sie überhaupt irgendeiner datentechnischen Vereinnahmung unterliegen oder auch nur in deren Nähe geraten. *Alles, was Menschen entäußern*, wird jetzt zu einer neuartigen Ressource kapitalistischer Vermarktung. Überwachungskapitalistisch interessierende Äußerungen[38] von Menschen können sein:

- *körperliche Äußerungen* bewusster und unbewusster Art (auch ›innere‹ körperliche Erscheinungen, die u. a. für medizinische Nutzungsformen interessant sind);
- nach ›außen‹ gerichtetes *praktisches Verhalten*;
- *bewusstes und/oder sinnhaftes Handeln* (der ›Lieblingsgegenstand‹ großer Teile der Soziologie) einschließlich lautlicher und gestischer Vermittlungsformen;
- auf Gegenstände bezogene und/oder *medial bzw. technisch verstärkte Tätigkeiten*;
- *produktiv ausgerichtete Handlungen*, die sich material niederschlagen und damit (frei nach Hegel und Marx) vergegenständlichen;
- *auf andere Personen bezogene Aktivitäten* mit und ohne Sinnvermittlung[39];
- gemeinsame *kooperative oder kollaborative Betätigungen*;
- *gesellschaftlich gerichtetes* und sozial wirksames oder sogar *politisches Handeln*.[40]

---

38 Es ist nicht falsch, bei dieser Formulierung etwa an den Begriff der »Entäußerung« bei Hegel zu denken (Hegel, v. a. in 1807/1970), auch wenn man nicht in jeder Hinsicht den geistphilosophischen Zuspitzungen des Gedankens folgen will.

39 Man kann gerne an Max Weber denken, der nur sinnvermitteltes Handeln als soziologisch relevant ansehen wollte. (Vgl. 1972 [1921], S. 11 ff.)

40 Gemeint ist »Handeln« im Sinne von Hannah Arendt, die damit neben erwerbssicherndem Arbeiten und gegenständlichem praktischem Herstellen v. a. gesellschafts-

Diese Liste ließe sich fast unbegrenzt erweitern und verfeinern. Aber darum geht es an dieser Stelle nicht. Die Aufzählung versteht sich als allgemeiner Hinweis darauf, dass Grundlage dessen, was neuer kapitalistischer Rohstoff werden soll (aber auf dieser Ebene genau noch nicht ist), all die genannten und viele weitere menschlichen Äußerungen sind, einschließlich möglicher darauf bezogener informationeller Repräsentanzen im weitesten Sinne. Es sind menschliche Weisen des In-der-Welt-Seins und Wissen darüber, die damit Teil und Ausdruck menschlichen Lebens sind, ja menschliches Leben überhaupt ausmachen. Deshalb soll hier von alltäglichen *menschlichen Lebens-Spuren* gesprochen werden. Dies geschieht auch, um die äußerst feingranulare, oft mikroskopisch kleine und damit unscheinbare bis unsichtbare (oder im Rauschen des Alltags verdeckte), sowie meist un- oder vorbewusste und fast grenzenlos vielfältige und veränderliche Qualität der gemeinten menschlichen Äußerungen und dazu möglicher Informationen auszudrücken.

4.1.2 Extraktion des Rohstoffs: Ursprüngliche subjektive Leistungen als Grundlage

Wenn nun davon gesprochen wird, dass derartige menschliche Lebens-Spuren als Rohstoff mit kapitalistischen Zielen »extrahiert« oder »gewonnen« werden (Zuboff 2018, S, 123 ff.), um sie einer Vernutzung und Verwertung zuzuführen, ist ebenfalls genaueres Hinsehen erforderlich, um zu verstehen, was dabei abläuft. Fokus ist dabei erneut, dass auch diese Abschöpfung des gewünschten Rohstoffs kein rein betriebsseitiger Prozess ist, sondern in wichtigen Anteilen einer völlig anderen Logik folgt. Sie vollzieht sich, zumindest in ihren ersten basalen Schritten, im Rahmen des alltäglichen Lebens der Betroffenen und dort notwendig unter deren tätiger Beteiligung. Dass diese aktiven Anteile derjenigen, von denen man Lebens-Spuren abgreifen will, selten

---

bezogene und damit im weiteren Sinne politisch gestaltende Aktivität im Auge hatte. (Vgl. insbes. Arendt 1958/1989)

mit der organisatorischen, technischen und vor allem dann ökonomischen Rationalität derjenigen Akteure übereinstimmen, die sich den Zuboffschen Verhaltensüberschuss für ihre Zwecke aneignen wollen, liegt nahe. Die Alltagshandelnden agieren (selbst wenn sie bereitwillig versuchen, sich an betriebliche Erfordernisse anzupassen) entsprechend der zeitlichen, räumlichen, sachlichen usw. Logik ihrer alltagspraktischen Zusammenhänge, das heißt *ursprünglich* im Sinne ihrer Alltäglichen Lebensführung.[41] Das gleiche gilt für die darauf bezogenen möglichen Repräsentationen und dann die unmittelbaren Praktiken bei ihrer Gewinnung. Folgen wir für eine nähere Betrachtung analytisch den *Schritten einer Extraktion* auf den alltagsnahen frühen Stufen.

Entdecken, Heben, Herrichten, Benennen und Bereithalten

Ein erster Schritt der Gewinnung von Lebens-Spuren besteht schlicht darin, dass erst einmal die Existenz derartiger, möglicherweise verwertungsrelevanter Erscheinungen überhaupt ins Bewusstsein vor allem der potenziellen betrieblichen Agenten gerät. Es sei daran erinnert, dass Datenkonzerne (wie die frühen Kolonisatoren und Gewürz- oder Sklavenhändler und dann die Goldprospektoren des amerikanischen Gold Rush) ständig auf der Suche sind nach verborgenen oder bisher unbekannten (zumindest noch nicht gehandelten) ›Schätzen‹, die man aufspüren und dann abbauen, schürfen oder schöpfen kann.[42]

---

41 Die Verwendung von »ursprünglich« geschieht hier im Bewusstsein der unübersichtlichen und manchmal auch umstrittenen Verwendung des Begriffs, die an dieser Stelle nicht genauer aufgearbeitet werden kann. Es soll jedoch auf die Bedeutung des Ausdrucks bei Marx hingewiesen werden, vor allem in den Analysen zur »Ursprünglichen Akkumulation« (Marx 1867/1969: Kap. 24, S. 741–702, auch Marx 1939/1941, S. 383–421). Siehe auch den guten Artikel in der Wikipedia (o.A.). Interessant ist, dass in der englischsprachigen Marxrezeption der Begriff erstaunlich abwertend und nahezu mit kolonialistischem Unterton mit »primitiv« übersetzt wird. Ein solches Verständnis entspricht auf keinen Fall den Intentionen hier – im Gegenteil.

42 Wenn in den Analysen (nicht nur von Zuboff) auf Deutsch meist von »Gewinnen« eines neuen Rohstoffs, manchmal auch von »Abbauen«, »Schöpfen«, »Schür-

Praktisch gesehen bedeutet das, ein potenziell wertvolles Gut erst einmal in diesem Sinne zu *ent-decken* (vielleicht ohne zu wissen, in welchem Umfang es einmal ökonomisch wertvoll sein könnte), es also auf irgendeine Art freizulegen und damit *sichtbar* zu machen, als *relevant zu erkennen* und dann *zu heben* (oder, wie es oft auch heißt »zu Tage zu fördern«).

Das Bild eines Goldsuchers, der während des amerikanischen Rush auf das Rohmetall in meist unreiner Form stößt, an Gestein oder Erdreich gebunden oder als Schwebanteil in einem Gewässer, kann das veranschaulichen. Es geht darum, das Erz aus dem Berg zu schürfen und mit Wasser und Sieb von Beimengungen zu trennen oder Goldstückchen mit der Pfanne auszuschwemmen, also zu schöpfen. Man erkennt darin eine erste Stufe der direkt auf die Entdeckung folgenden, noch unmittelbar am wirklich ›rohen‹ Stoff ansetzenden groben *Herrichtung* des Materials. Dieser Übergangsschritt soll dann in einer späteren Stufe eine systematischere Bedeutung bekommen.

---

fen« oder »Heben« und sogar (vermutlich nicht i. e. S. marxistisch gemeint) von »Ausbeutung« oder »Extraktion« gesprochen wird, spielt das euphemistisch trivialisierend auf die urtümliche Suche nach Materialien in der Erde an (Erze, Kohle, Mineralien, Gestein usw., vielleicht auch Öl und Gas). Gelegentlich liest man auch »abschöpfen«, wobei man an die Nutzung des auf der Milch schwimmenden Rahms denken mag. Und mit »Absaugen« (von Daten usw.) mag man lebensrettende medizinische Verfahren oder sorgende Hausarbeit assoziieren. Im Englischen heißen die Ausdrücke oft »Mining« (v. a. bei »Datamining«), »Digging« oder »Prospecting« (insbes. beim Gold- und Diamanten-Schürfen) und gelegentlich auch abstrakter »Exploitation«. Zunehmend findet sich in der Debatte zur Digitalisierung der beschönigende Begriff des »Harvesting«, was an das Ernten von Lebensmitteln auf der Erdoberfläche über eine naturnahe Landwirtschaft (oder Fischerei – auch Seafood wird »geerntet«), denken lässt. Vielleicht kann man auch das harmlos klingende »Gathering« so verstehen. Google und Facebook würde es sicher gefallen, wenn man sie als harmlose Hunter-Gatherer-Companies beschreiben würde, deren Logik weit hinter die Neolithische Revolution zurückweist, wo die Welt angeblich noch in Ordnung war.

Abb. 3: Goldwäsche am Mokelumne River
(unbek. Künstler/Wikimedia Commons, gemeinfrei)[43]

Diese ersten Schritte sind nicht selten damit verbunden, das Gefundene (nach einer Phase, in der man erst einmal nicht darüber redet) irgendwie grob zu *benennen* oder andersartig informationell abzubilden.

43 Die Abbildung zeigt einen Goldwäscher am Mokelumne River nahe Sacramento während des Gold Rush in Kalifornien 1848–1854. Man erkennt den ursprünglichen Entdecker und Schürfer oder Schöpfer (»Wäscher«) in seinem rauen Alltagskontext, der nicht der spätere, im engeren Sinne nüchtern kalkulierende, profitorientierte kapitalistische Nutzer und Verwerter des gewonnenen Goldes ist. Eine Art Gold Rausch (oft eher einen ›Silber Rausch‹) gab es fast zeitgleich auch im alpinen Raum und im Erzgebirge, dort sprach man von einem »Berggeschrey« (vgl. Grober 2018). Ähnliches findet sich bis heute immer mal wieder in verschiedensten Weltregionen, aktuell etwa in Brasilien. Mehr zur Abbildung: Unbekannter Künstler; Originaltitel »man panning for gold on the Mokelumne«, in Harper's Weekly: »How We Got Gold in California«, 1860, hier aus Wikipedia (o. A.) »Forty Niner's«, Wikimedia Commons, gemeinfrei (»Forty Niner« spielt auf eine damals bekannte Schiffspassage an, mit der Prospectoren die Goldregionen billig erreichen konnten).

Meist handelt es sich dann um eine Um-Benennung, da die Alltags-
sprache der unmittelbar Betroffenen für kapitalistische Gepflogenhei-
ten oft nicht gesellschaftsfähig ist.[44]

Das galt für Kolumbus bei seinen Entdeckungen in der Karibik und
auch für die Prospektoren am Mokelumne bei Sacramento in den kali-
fornischen Goldregionen oder am Klondike River bei Dawson im Yu-
kon-Territory. Aus den Indigenen auf Hispaniola und anderen Inseln
wurden mehr oder weniger disziplinierte Untertanen, oder auch schon
gleich arbeitsam zugerichtete Sklaven, die man jeweils auch so bezeichnen musste. An der amerikanischen Westküste wurde aus rohen Erz-
brocken abstraktes Edelmetall mehr oder weniger hoher Reinheit, das
man dem Händler mit passenden Ausdrücken vorlegen und anpreisen
musste.

Der unvermeidliche Kontakt mit dem Goldhändler verweist auch
darauf, dass das Freilegen und Herrichten nicht ausreicht, sondern
der gewonnene Rohstoff für mögliche weitere Verwendungen *bereitgehalten* werden muss. Den Herrschenden auf der spanischen Halb-
insel wurden die erbeuteten Schätze gemeldet und mussten zur Überstellung fertig gemacht werden. Der Goldhändler im Camp der Miner
musste das Gold prüfen und wiegen, vielleicht akzeptieren, seinen Preis
verhandeln (und in der Regel drücken) und es dann weiterleiten, vermutlich an eine weit entfernte Bank.[45]

Die kapitalistisch gesuchten Lebens-Spuren liegen also (genauso
wie ›Schätze‹ der Ureinwohner und das Gold der Diggers) nicht irgendwie und irgendwo einfach zur beliebigen betrieblichen Verwendung herum[46], und es erfordert einen vielgestaltigen vorbereitenden
Aufwand, die Spuren im Entdeckungs- und Entstehungskontext zu er-

---

44 Dazu kann man viel bei Ludwig Wittgenstein lernen. (Vgl. v.a. in Wittgenstein
    1985/2015)

45 Damals wurde nicht zufällig Gold (eine Zeit lang neben Silber) als offizieller Stan-
    dard für die Sicherung von Währungen nach und nach auch in den USA eingeführt,
    geschützt durch die Notenbank ab 1840.

46 Marx meinte in den Überlegungen zur »ursprünglichen Akkumulation« (v.a. Marx
    1867/1969, S. 741 ff.), dass in der »Vorgeschichte« des Kapitalismus viele Rohstoff
    zwar nicht ohne gewaltsame Übergriffe, aber doch faktisch ohne größere Aufwen-
    dungen verfügbar waren. Er übersah damit genau den Schritt, der hier betont wer-

kennen und zu entbergen, um sie überhaupt zugänglich zu machen. Überwachungskapitalisten und ihre technologischen Gehilfen haben (wie die Herrschenden in Europa und die Banken an der Ostküste) in der Regel kein Gespür für die Feinheiten des realen praktischen Lebens von Menschen und ihren Lebens-Spuren, aus denen sie Verhaltens- und Personeninformationen gewinnen wollen. Am liebsten wäre es ihnen, das Objekt ihrer profitorientierten Begierde würde ihnen quasi ›vor die Füße fallen‹ oder besser noch, der Rohstoff würde unkompliziert freiwillig als Gabe überreicht werden. Aber so einfach ist es meistens nicht, damals wie heute: Ohne eine zumindest rudimentäre Beteiligung der direkt Betroffenen – und damit faktisch der ursprünglichen ›Geber‹ des neuen Rohstoffs als Hilfskräfte kommt man kaum an das heran, was man gewinnen will. Und schon gar nicht kommt man ohne informelle Unterstützung ›vor Ort‹ unkompliziert mit den dann erforderlichen Schritten weiter.

Dass sowohl die Schritte der *Entdeckung* und des *Freilegens,* des ersten praktischen *Herrichtens* und *Benennens* sowie ein grobes *Bereithalten* des auf dieser Stufe noch direkt an den Ursprungskontext erinnernden Materials für die dann erfolgende Weitergabe oder Lieferung meist nicht von den Betrieben geleistet wird, ist für die Akteure der Konzerne nicht von Interesse. Wie die Schritte vorher erfordern auch diese weiteren Leistungen eine praktische Beteiligung der mit dem Ur-Stoff qua existenziell täglicher Lebenspraxis verbundenen Subjekte. Für den noch jungen Überwachungskapitalismus sind das, wenn überhaupt wahrgenommen, unscheinbare und unerhebliche laienhafte, vielleicht auch lästige Beiträge von durch Alltagsrationalitäten geprägten Menschen, die, betriebswirtschaftlich und technisch gesehen, körperlich-naturhafte und quasi unzivilisiert mit dem Rohstoff verbundene ›Wilde‹ sind, in höchst fremdartigen Regionen des Daseins.

---

den soll. Siehe auch den guten Beitrag zur »ursprünglichen Akkumulation« in der Wikipedia (o. A.). Unten mehr dazu.

Übereignen

Nach den geschilderten basalen Schritten kommen weitere Extraktions-
erfordernisse und Praktiken ins Spiel, die überwachungskapitalistisch
möglicherweise eher ins Auge stechen, allem voran eine irgendwie gear-
tete besitz- und/oder eigentumsrechtliche *Aneignung*[47] durch die technischen Konzerne. Zunächst erscheint das nicht unbedingt notwendig, da
der anfangs noch nahezu unbekannte Lebens-Spuren-Rohstoff sich zwar
faktisch in einer Art ›Besitz‹ der Betroffenen (oder der Ur-Entdecker)
befindet, diese aber in der Regel kein Rechtsbewusstsein und erst recht
keine gesicherten Rechtstitel haben. Trotzdem kann daraus (damals wie
heute) ein potenzielles Verwertungsrisiko entstehen. Solche möglichen
Probleme zu minimieren, ist eine wichtige Aufgabe für die Unternehmen.

---

47 Der Begriff »Aneignung« hat (z.T. zurückgehend auf John Lockes Theory of Appro-
    priation; vgl. Olivecrona 1974) eine prominente Grundlage in der Subjekt- und Geist-
    philosophie von G.F.W. Hegel (vgl. v.a. die Rechtsphilosophie, Hegel 1821/1970, u.a.
    § 1–32, § 41–71, und die Phänomenologie des Geistes, Hegel 1807/1970, u.a. Kap. IV,
    S. 137 ff.). Stark vereinfacht zusammengefasst heißt es dort, dass sich der Mensch in
    und mit seinen Tätigkeiten entäußert und dadurch geistig (wie auch materiell) verge-
    genständlicht. Er hinterlässt dabei Manifestationen außerhalb seiner selbst, die ihm
    ›gegenüber‹ stehen und dadurch faktisch als ›fremd‹ erscheinen, was ein zentrales Mo-
    ment allgemeiner *Entfremdung* des menschliches Daseins wird. Menschen finden dar-
    über ›zu sich‹, dass sie das aus ihnen Entäußerte und dann Fremde als an sich faktisch
    ihr Eigenes erkennen und somit für sich (und durch andere) anerkennen. Dies ist ein
    entscheidendes Element der allgemeinen menschlichen Aneignungen der Welt, hier
    also der von ihnen in die Welt gestellten Äußerungen. Erst über diese dialektische
    Schleife von Äußerung, Entfremdung und dann (wieder) Aneignung kann der Mensch
    zu Selbstbewusstsein kommen und dadurch Subjekt werden. Marx greift diese Dialek-
    tik in seinen frühen philosophisch-ökonomischen Schriften sowie später teilweise auch
    in seinem ökonomischen Werk auf, modifiziert sie aber an entscheidenden Stellen (vgl.
    v.a. Marx 1985 [1848/1932]). Menschliche Entäußerungen und Vergegenständlichun-
    gen sind für ihn primär im engeren Sinne materiell, Entfremdung eine zutiefst gesell-
    schaftliche Erscheinung und Aneignung vor allem herrschaftliche Praxis machtvoller
    Akteure. All das resultiert aus der materiellen gesellschaftlichen Produktion und damit
    aus den historisch spezifischen Verhältnissen kapitalistischer Ökonomie. Wenn dann
    mit Blick auf Klassenverhältnisse auf andere Weise erneut von Aneignung gesprochen
    wird, ist das als politischer Prozess einer historischen ›Rück-Aneignung‹ entfremdeter
    gesellschaftlicher Momente auf Grundlage einer Ent-Eignung zu verstehen. (Vgl. für
    Hegel und dann auch für Marx Haug 1994; vgl. auch Frey 2009; S. 62 ff.; Leu 1989)

Wenn der heutige Überwachungskapitalist also problemlos zugreifen und den neuen Stoff extraktiv nutzen will, muss er ihn in seinen Besitz überführen, praktisch und vorsichtshalber möglichst auch explizit rechtlich, um klagesichere Verfügungsrechte zu erhalten. Beides geschieht bis heute nicht selten mit mehr oder weniger drastischen Machtmitteln, begleitet von ideologischen Verschleierungen des wahren Kerns dessen, was geschieht. Zur Zeit der Kolonisatoren reichte dazu vermutlich das Hissen einer Fahne, zusammen mit einer allgemein vernehmlichen Besitzerklärung, unter demonstrativem Zeigen der einschlägigen Gewaltmittel und möglichst unter Anrufung einer göttlichen Autorität, zum Beispiel mit der Errichtung eines Kreuzes – auch wenn die ahnungslosen Anwohner nicht verstanden, worum es ging.

Abb. 4: Aneignung – Kolumbus ergreift Besitz
(unbek. Künstler 1893/US Library of Congress)[48]

---

48 Originaltitel »Columbus taking possession of the new country« (vermutlich San Salvador). Man erkennt alle Symbole imperialer Aneignung: Waffen, Uniformen, Fah-

Auch während des Gold Rush an der amerikanischen Westküste war Gewalt ein probates allgegenwärtiges Mittel bei der Steuerung von Eigentumsübertragungen und den heftigen Kämpfen um staatlich zu genehmigende »Claims« (die US-amerikanische Variante deutscher »Bergrechte«).

Abb. 5: Goldsucher warten auf die Registrierung ihrer Claims am Klondike
(Foto: E.A. Hegg, 1893/Wikimedia Commons, gemeinfrei)[49]

nen, christlicher Kniefall, geneigte Häupter – das Kreuz sieht man auf einer anderen Abbildung und dort auch die Eingeborenen.
Mehr zur Abbildung: US Library of Congress, Beschreibung: »Columbus is depicted on his knees in the center of the picture. The heroical depiction of the explorer triumphant reflects the prevalent Western self-conception of the 19th and early 20th centuries: the pioneer of all progress, Western man stands superior to all other civilization. Indeed, the ›white man's burden‹ obliged him to make his superior knowledge available to the rest of the world and in so doing, extend his world rule. Conceived for use in schools, this picture illustrates a further aspect of ›rule‹, namely that over the interpretation of history«. US Library of Congress, Chromolithography/Ausschnitt, USA, 1893, unknown artist. http://hdl.loc.gov/loc.pnp/pga.02388, auch Wikimedia Commons, gemeinfrei.

49   Das Anmelden eines Claims (immer nur für ein Volumen, das eine Person oder eine kleine Gruppe bearbeiten konnte) war ein zwangsweiser Verwaltungsakt, um die Gewinnung von Gold zu kanalisieren und zu begrenzen, gewaltfreie Abläufe zu sichern, die Preise zu kontrollieren und eine geordnete Ablieferung an die richtigen Stellen zu gewährleisten. (Vgl. Wikipedia o.A. »Claim«) Ziel war also die Regulie-

Die Übertragung von ursprünglichem Eigentum oder zumindest die Gewährung von Besitz- oder Verfügungsrechten[50] verläuft vor allem heute nicht immer so ›smooth‹, wie sich das der Überwachungskapitalist und seine technischen, ökonomischen und juristischen Agenten wünschen.[51] Der aneignende Zu- und Abgriff geht nämlich trotz der ideologischen Begleitmusik gelegentlich damit einher, dass den Betroffenen irgendwie deutlich wird, was abläuft, und ihnen dadurch die Enteignung (und vielleicht auch die Tatsache ihres bisherigen Eigentums oder die unklare Rechtslage) bewusst wird, mit der Folge, dass sie nicht unkompliziert mitspielen. Das bedeutet für die kolonialen Okkupatoren mit ihren Begleitmannschaften oder die Zwischenhändler

---

rung der ursprünglichen Entdeckung und Herrichtung des Edelmetalls auf Ebene der Digger, faktisch eine Vorstufe der dann folgenden Nutzung und Verwertung des Rohstoffs.

Mehr zur Abbildung: Originaltitel »More than thirty men lined up outside a log building, waiting« 1893, Foto: Eric A. Hegg, Alaska State Library; hier aus Wikipedia o. A. »Klondike-Goldrausch«, Wikimedia Commons, gemeinfrei.

50 »Eigentum« und »Besitz« sind in einem aus dem Bürgerlichen Gesetzbuch gespeisten, deutschen Rechtsverständnis unterschiedliche Sachverhalte und Begriffe. § 903 BGB besagt, dass der Eigentümer mit einer Sache nach Belieben verfahren und andere von jeder Einwirkung ausschließen darf. Das bedeutet, dass das Eigentum ein umfassendes Herrschaftsrecht darstellt. Ein Eigentümer kann mit einer Sache machen, was er will. Er kann die Sache verändern, verkaufen, vermieten usw. Der Besitzer ist dagegen nach § 854 BGB nicht notwendigerweise auch Eigentümer einer Sache. Besitz wird durch die Erlangung der tatsächlichen Gewalt über die Sache erworben. Der Besitzer hat jedoch nicht das umfassende Herrschaftsrecht eines Eigentümers. Nicht jeder Eigentümer einer Sache ist automatisch auch deren Besitzer. Und umgekehrt müssen sich die Sachen, die jemand besitzt, nicht gleichzeitig in dessen Eigentum befinden. Inwieweit die Kategorien Besitz und Eigentum sowohl für die von Kolumbus entdeckten Territorien, deren Bewohner und ihre ›Reichtümer‹ wie dann auch für die aktuell aus dem alltäglichen Leben der Nutzer von Google et al gewonnenen wertvollen ›Verhaltens-Rohstoffe‹ geeignet sind, erfordert eine nähere Betrachtung, soziologisch wie vor allem auch juristisch. Dank an Alma Demszky für den Hinweis auf diese Frage.

51 Marx griff zeitgemäß auf militärische Vergleiche zurück (vielleicht auch unter dem Einfluss des militärisch interessierten Friedrich Engels), wenn er etwa die Funktionsweise kooperativer Produktion als industrielles Befehls- oder Kommandosystem beschrieb. (Vgl. Marx 1967/1969, S. 341 ff.) Bei ihm sind die Agenten »industrielle[r] Oberoffiziere (Manager) und Unteroffiziere (Meister, Vorarbeiter ...)« (Marx 1967/1969, S. 351).

und Regulierer der Claims bei den Goldgräbern, und es bedeutet auch
für die heutigen rohstoffgierigen Konzerne: Das Material, um das es
geht, muss (je nach Situation) entweder möglichst freiwillig hergege-
ben und die Akteure vor Ort müssen dazu oft systematisch getäuscht
werden, oder es muss so entrissen werden, dass das den weiteren Prozess nicht stört.

Derartiges vollzieht sich beispielsweise mit durchaus nicht geringer
juristischer Relevanz als

- *stillschweigende Unterwerfung* und *Hergabe*, woraus sich rechtlich gesehen eine Zustimmung zur Erteilung von Verfügungsbefugnissen oder
  sogar von Besitzrechten ergibt, sei es auch nur durch das erkennbare
  Unterlassen faktisch möglichen Einspruchs;
- aktive *Beteiligung bei der Enteignung*, etwa als ehrerbietige Schenkung
  und demonstrative rituelle Übertragung in jeweils vor Ort üblichen
  Formen (über die sich Kolumbus angeblich gefreut und überrascht gezeigt haben soll);
- *Resignation* und *Verdrängung* nach erfolglosen Widerstandsversuchen
  oder als Reaktion auf das Erkennen fehlender Erfolgsaussichten;
- *explizite Einwilligung*, evtl. gegen geringfügige, oft auch nur symbolische Entschädigung. Bei Kolumbus und Co. reichten bunte Perlen
  und Stoffe, billige Gerätschaften sowie später auch Alkohol als Gegen-
  leistung für die Unterwerfung und damit die Bereitschaft zur Übereignung (von was auch immer). Heutzutage geschieht die ›Unterwerfung‹
  durch das gedankenlose Anklicken einer pauschalen sogenannten »Da-
  tenschutzerklärung«, womit eine Kenntnisnahme und Zustimmung
  kontrafaktisch erklärt werden, die aber selten in vollem Umfang (wenn
  überhaupt) gelesen wurde, geschweige denn, dass man sie in allen Im-
  plikationen verstanden hätte.[52]

---

52 Siehe dazu Max Webers Definitionen von »Macht« und »Herrschaft«, der unter
   Machtausübung bekannter Weise die Durchsetzung »auch gegen Widerstreben« und
   unter Herrschaft die institutionalisierte Machtausübung mit der »Chance«, für einen
   »Befehl […] Gehorsam zu finden« (Weber 1921/1971, S. 28 ff.) versteht. Beides wird
   damit faktisch an eine Art Beteiligung der Beherrschten gebunden. Auch in Michel
   Foucaults Begriff von »Macht« werden die komplexen Vermittlungen von Macht und
   Gegenmacht eindringlich beschrieben – keine Machtausübung funktioniert ohne Reaktion auf die Möglichkeit aktiver Macht der Gegenseite. (Vgl. v. a. Foucault 1975/2008)

Alle Varianten sind zur unternehmerischen *Aneignung* komplementäre Weisen einer wie auch immer beschaffenen *Übereignung* durch die Betroffenen. Der Begriff Über-Eignung betont dabei die notwendig gebenden Leistungen von Menschen im Zuge der kapitalistischen Gewinnung des neuartigen Rohstoffs. Die nehmende An-Eignung menschlicher Lebens-Spuren durch das Überwachungskapital erfordert, so gesehen, Praktiken komplementärer Eigentumsübertragung oder besitzrechtlicher Verfügungsgewährung durch die Betroffenen.

Selbst bei Kolumbus kann man eine solche Umkehrung der An-Eignung in eine zumindest symbolische Über-Eignung erkennen. Man muss nur genau hinschauen, zum Beispiel auf das berühmte Bild von seiner Landung auf Guanahani (oder wie es später auch zum Teil hieß, auf Hispaniola, dem heutigen Haiti) 1491. (Abb. 6)

Abb. 6: Übereignung – Kolumbus landet erstmalig auf einer Insel in der Karibik (Theodor de Bry 1594/University of Houston Digital Library, gemeinfrei).[53]

---

53 Der höchst einflussreiche Kupferstich veranschaulicht, wie man sich in Europa Ende des 16. Jahrhunderts den ersten Kontakt von Kolumbus mit Einheimischen auf (in-

Aufschlussreich ist der Wortlaut, mit dem Kolumbus seine Eindrücke bei der Landung auf der ersten entdeckten Insel und den Kontakt zu den Einwohnern in seinem Bordbuch beschreibt:

»Um zwei Uhr morgens kam das Land in Sicht, von dem wir etwa 8 Seemeilen entfernt waren. Wir holten alle Segel ein und fuhren nur mit einem Großsegel, ohne Nebensegel. Dann lagen wir bei und warteten bis zum Anbruch des Tages, der ein Freitag war, an welchem wir zu einer Insel gelangten, die in der Indianersprache «Guanahaní» hieß. Dort erblickten wir allsogleich nackte Eingeborene. Ich begab mich, begleitet von Martin Alonso Pinzón und dessen Bruder Vicente Yánez, dem Kapitän der Niña, an Bord eines mit Waffen versehenen Bootes an Land. Dort entfaltete ich die königliche Flagge. [...] Sofort sammelten sich an jener Stelle zahlreiche Eingeborene der Insel an. In der Erkenntnis, dass es sich um Leute handle, die man weit besser durch Liebe als mit dem Schwerte retten und zu unserem Heiligen Glauben bekehren könne, gedachte ich sie mir zu Freunden zu machen und schenkte also einigen unter

---

dianisch) Guanahani 1492 vorstellte: Originalbildtitel »Columbus als er in India erstlich ankommen/wirdt von den Einwohnern mit grossem Geschenck verehret und begabet auffgenommen.« Die Darstellung folgt bis ins Detail den Mitteilungen von Kolumbus im Bordbuch seiner Reise, so dass es auch eine gute Visualisierung seiner Eindrücke des Erstkontakts bedeutet (vgl. das folgende Zitat aus dem Bordbuch). Angeblich wurde die Insel schon damals von Kolumbus »San Salvador« genannt; der Ort einer zweiten Anlandung auf dem heutigen Haiti bekam dann den Namen »La Isla Española«, bzw. »Hispaniola«, sodass nicht ganz klar ist worauf sich die Abbildung genau bezieht, was hier aber unerheblich ist. Ganz im Sinne der gängigen europäischen Vorstellungen (und damit auch des Verständnisses von Kolumbus), fand man dort rechtlose Ureinwohner vor, die irritiert aber freundlich gewesen seien. Vermutlich auch angesichts der demonstrierten Machtmittel haben sie jedenfalls angeblich bereitwillig ihre Schätze präsentiert und übergeben (aus Sicht der Entdecker war die Ausbeute angeblich aber spärlich, weil man gehofft hatte, Gold in nennenswertem Maße zu bekommen). Kolumbus selbst betrachtete sie wahrscheinlich als Empfangsgeschenke, aber vielleicht auch als Unterwerfungsgesten, die zumindest eine Bereitschaft zur Übereignung des Landes und von potenziell weiteren, vielleicht irgendwie verwertbaren Materialien signalisierte. Über beides wurde eine förmliche Urkunde der Inbesitznahme erstellt und die königliche Flagge errichtet. Eine derartige einfache Aneignung hätten sich die meisten Okkupatoren und potenziellen Rohstoff-Extraktoren gewünscht (was aber nicht immer der Fall war, auch nicht bei der ersten Kolumbusreise).
Mehr zur Abbildung: Kupferstich von Theodor de Bry aus ders. »Sammlungen von Reisen in das westliche Indien («America") 1594, hier aus Houston University Digital Library, Direktbezug, gemeinfrei; Abb. auch in Wikimedia Commons, gemeinfrei.

ihnen rote Kappen und Halsketten aus Glas und noch andere Kleinigkeiten von geringem Wert, worüber sie sich ungemein erfreut zeigten. Sie erreichten schwimmend unsere Schiffe und brachten uns Papageien, Knäuel von Baumwollfaden, lange Wurfspieße und viele andere Dinge noch, die sie mit dem eintauschten, was wir ihnen gaben, wie Glasperlen und Glöckchen.« (Kolumbus 1554/1981. S. 44)[54]

An die verschiedenen ersten Formen der alltagspraktisch ursprünglichen Beteiligung von Handelnden vor Ort bei der Entdeckung, Benennung, Herrichtung, Bereithaltung und dann Übereignung des entdeckten »Neuen« schließen sich weitere Schritte an – ansatzweise sogar schon bei Kolumbus und seinen Nachfolgern, vor allem aber auch heuzutage. Sie erst stellen dann die eigentliche betriebliche Extraktion des gesuchten Rohstoffs dar, über die die angestrebte Verwertung möglich wird. Zwei dieser weiteren Schritte sollen gleichfalls näher subjektorientiert betrachtet werden, weil auch sie ohne Beteiligung von direkt Betroffenen nicht oder nur mühsam vollzogen werden können.

Aufbereiten und Verdaten

Auch die für eine überwachungskapitalistische Verwendung nötige, von Zuboff »Rendition« genannte, *Aufbereitung* und damit Veränderung der Lebens-Spuren ist keineswegs allein eine Leistung betrieblicher digitaler Verfahren, auch wenn es oft so dargestellt wird. Nicht selten ist schon, wie geschildert, die Transformation noch alltäglicher Lebens-Spuren in eine zumindest rudimentär operational nutzbare Kommunikationsform ein Akt, der von Betroffenen faktisch als Vorbereitung für die systematische Weiterverarbeitung des Extraktionsma-

---

54 Das Bordbuch (genauer: Logbuch) der Niña wurde von Kolumbus persönlich verfasst und nach seiner Rückkehr dem Herrscherpaar Ferdinand und Isabelle präsentiert, die erste Kopien anfertigen ließen. Das Original ist verschollen, aber es gab eine Abschrift des Dominikanerpaters Bartolomé De Las Casas im Rahmen eines eigenen Buches, die dann 1554 von Luis Colon erstmals eigenständig veröffentlicht wurde. Größere Aufmerksamkeit erhielt das Bordbuch aber erst mit einer weiteren Veröffentlichung 1882.

terials in den Unternehmen praktiziert wird. Das wird etwa dann erkennbar, wenn Menschen sich mit betriebsförmigen Organisationen sachgerecht austauschen, ihnen Informationen über sich geordnet und zeitnah zur Verfügung stellen oder gar organisationsadäquat kooperieren – lange bevor die Informationen im engeren Sinne organisationsseitig in qualifizierte Daten umgeformt werden.

Auch die soziologisch spätestens seit Max Weber viel diskutierte Bürokratisierung des modernen Lebens ist nichts anderes als eine Zurichtung des modernen Alltags, die nicht nur professionelle Bürokraten beherrschen, sondern auch die den bürokratischen Regelungen unterworfenen Menschen. Das sind Beispiele lebenspraktischer Potenziale, die sich auch bei dem hier betrachteten Phänomen als Leistungsbasis für eine frühe Aufbereitung des zu extrahierenden Rohstoffs und damit als Vorstufe der später erfolgenden betriebsinternen Rendition erweisen.

Um noch einmal auf die oben verwendeten Bilder zurückzukommen: Die Verhandlungen und teilweise auch schon Vereinbarungen der Ureinwohner auf den entdeckten Inseln mit Kolumbus, oder das Verhandeln mit dem Goldhändler bei der Begutachtung und beim Wiegen des Erzes und die Mitarbeit bei der Eintragung in seine Listen sind Beispiele dessen, was schon damals wie auch jetzt hier geschieht: Diese Formen *ursprünglicher Rendition* durch betroffene Subjekte sind eine wichtige Voraussetzung, damit Lebens-Spuren übertragen und danach profitorientiert nutzbar gemacht werden können – zumindest damit solche Prozesse möglichst störungsfrei erfolgen.

Auch die Transformation des Lebensspurenrohstoffs in digital handhabbare Eigenschaften, also ihre *Verdatung*, ist entgegen dem üblichen Verständnis kein rein betriebsseitiges Geschäft. In immer mehr Bereichen des modernen Lebens ist es völlig selbstverständlich, dass Menschen als Bürger, Mitarbeiter, Kunden, Ehrenamtliche u. v. a. m. ihre Aktivitäten und Äußerungen formgerecht und damit datenadäquat aufbereiten und praktizieren. *Indirekt* zeigt sich das, wenn Menschen vorschriftsgemäß Formulare ausfüllen, geschickt nicht nur eine technikgerechte Sprache und Logik beherrschen, sondern auch Zahlensysteme und zahlenförmige Operationen, abstrakte Symboliken, administrative und juristisch formal codierte Verfahren usw;[55] *direkt*, wenn sie zum Beispiel Informationen in die inzwischen allgegenwärtigen persönlichen, betrieblichen und öffentlichen digitalen Systeme eingeben und datenlogisch kompetent prozessieren. Dass sie dazu die immer aufwändigeren und vielfältigeren technischen Apparaturen professionell beherrschen und fast unvermeidlich auch besitzen, wird inzwischen schlicht vorausgesetzt.

Der Alltagsmensch des überwachungskapitalistischen 21. Jahrhunderts ist also in weiten Teilen der Welt ein zumindest rudimentär kompetenter digitaler Akteur und damit auch Akteur im digitalen Vorraum des Alltags. Nicht selten ist er oder sie der bessere Verdatungsexperte als betriebliche oder behördliche Mit- und Gegenspieler – gerade bei Prozessen der Extraktion von alltagsnahen Lebens-Spuren, die sie selbst betreffen. All das ist gerade auch an dieser Stelle eine höchst wertvolle, aber nur bei genauerem Hinsehen erkennbare, Leistungs- und Kompetenzbasis für die überwachungskapitalistisch faktisch notwendige Beteiligung Betroffener an der Gewinnung des neuen Rohstoffs.

Zuliefern

Zu einer erfolgreichen betrieblichen Extraktion der gesuchten neuartigen Rohstoffe gehört auch, dass Unternehmen das auszuwertende Material sicher und qualifiziert erhalten. Für die Betroffenen bedeutet das, dass sie sich an der Überstellung des Stoffs (natürlich zeitgemäß Just-in-Time) aktiv beteiligen und darauf achten müssen, dass der Prozess nicht durch unqualifiziertes Verhalten behindert wird. Ihr Tun ist damit nicht nur eine schlichte Ab-Lieferung des Stoffs ohne Beachtung der Folgen, sondern eine zumindest latent zielgerichtete funktions- und prozessadäquate *Zu-Lieferung*.

---

55 Rudi Schmiede und Mitarbeiter haben für diese gesellschaftlich weitreichenden und historisch weit zurückreichenden Verfahren und dann Kompetenzen die anschaulichen Begriffe »Formalisierung« und vor allem »Informatisierung« entwickelt, die auch bei den hier interessierenden Erscheinungen perfekt zu verwenden sind. (Vgl. etwa Schmiede 1996; siehe auch Pfeiffer 2004)

Auf den Bildern zu den Erstkontakten von Kolumbus lässt sich Ähnliches etwa an der Art und Weise erahnen, wie die Ureinwohner ihre ›Gaben‹ (sic!) überreichen. Kolumbus musste dann dafür sorgen, dass die Materialien eiligst zurück nach Europa an die adeligen Auftraggeber verschifft wurden (wobei aber einiges im weiteren Verlauf der Fahrt schief ging).

Die Prospectoren im Westen der USA mussten tunlichst darauf achten, dass und wie sie ihre noch rohen Schätze mit klugen Sprüchen und Sachkenntnis an einen trickreichen Händler lieferten. Dieser musste das Ganze dann an einschlägige Finanzeinrichtungen weiterverticken (was auch nicht risikolos war), die als jetzt schon typische kapitalistische Akteure darauf warteten, um eine ordentliche Rendite einzufahren.[56]

Vieles davon erfolgt heutzutage als Teil der geschilderten alltagspraktisch-ursprünglichen Vorstufen der Rendition und Verdatung. Genau genommen ist die Zulieferung aber oft noch einmal eine eigenständige Leistung der Subjekte, die erst dann als diese auffällt, wenn sie nicht funktioniert. Das bedeutet, dass man sich nicht nur bei der Bereitstellung und Herrichtung des Extraktionsmaterials halbwegs korrekt verhält, sondern den Abgriff unterstützt, indem man zum Beispiel bei einer technischen Übermittlung den passenden »Button« zum

---

56 Der von Carl Barks 1947 konzipierte und gezeichnete Comiccharakter »Onkel Dagobert« (im Original: Scrooge McDuck oder Uncle Scrooge) in den Donald-Geschichten von Walt Disney hat am Klondike, genauer am White Agony Creek, als Digger seine ersten Reichtümer eingesammelt, mit denen er dann über alle Stufen der kapitalistischen Akkumulation zum »sagenhaften« Milliardär wurde, der immer wieder von sich sagen konnte: »„I made [my money] by being tougher than the toughies, and smarter than the smarties! And I made it square!«. (Vgl. Wikipedia o. A. »Onkel Dagobert – Sein Leben, sein Reichtum.«) Dank an Laura Voß für den Hinweis. Aber nicht nur Barks hat dem Gold Rush des 19. Jahrhunderts als zentrales Element der historischen Selbstmythologisierung der USA mit einer bekannten Kunstfigur ein Denkmal gesetzt. Schon wesentlich früher hat Charly Chaplin 1925 in »Gold Rush« eine von Chaplin selbst gespielte Figur erfunden, die ebenfalls nach vielen Abenteuern eine, trotz aller sarkastischen Ironie, letztlich typisch amerikanische Erfolgsgeschichte erlebt, ökonomisch und bei Chaplin sogar romantisch. Dagobert musste sich für sinnliche Erlebnisse mit Münzbädern in seinem ständig bedrohten Geldspeicher begnügen (vgl. Wikipedia o. A., »Goldrausch«).

richtigen Zeitpunkt drückt, weder chaotisch noch vergesslich agiert. Ansonsten wird man nämlich unter ›Drohungen‹ aller Art gemahnt und kann sich nur mühsam dumm stellen, verweigern oder abwenden. Lange hält man das aber nicht durch, wie jeder weiß, der ein Upload von Login- und Prozess-Daten falsch ausführt, Up-Dates verschläft oder sich erlaubt, ein Geolocation-System dauerhaft ausgeschaltet zu lassen. Es ist in diesem Sinne keinesfalls trivial, wenn die »Compliance« der User (also ihre digitale Zuverlässigkeit) gerade bei diesem letzten Akt der Extraktion des neuen Rohstoffs unternehmerisch entscheidend ist und genau beobachtet wird. In den allermeisten Fällen ist niemand persönlich von Seiten der Betriebe vor Ort, der die Betroffenen bei der Übertragung des Stoffs überwachungskapitalistischer Begierden unterstützen, anstupsen (»nudgen«), mahnen oder zwingen kann. Das wertvolle Material muss aber dauerhaft sicher ankommen. Das heißt, die Betroffenen müssen als potenzielle Hilfskräfte in der Zulieferkette mit verschiedenartigen sanktionierenden Mitteln bei ›der Stange‹ gehalten und diszipliniert werden; sie müssen im System bleiben, erreichbar sein, reagieren, mitmachen, funktionieren, wie auch immer.

4.1.3 Entdecken und vieles mehr: Arbeitende Leistungen arbeitender Nutzer

Die vorstehenden Beschreibungen der vielgestaltigen, schrittweisen Leistungen von Menschen bei der Gewinnung der potenziell profitträchtigen Lebens-Spuren (Entdeckung, Hebung und Herrichtung, Benennen, Bereithalten und Übereignen, Aufbereiten, Verdaten und Zuliefern) verweisen auf den hier entscheidenden Punkt: Es geht um die für Big-Tech-Konzerne unverzichtbaren, vorbereitenden Funktionen im betrieblichen Vorfeld der Extraktion des neuen Rohstoffs.

Die folgende Übersicht (Tab. 1) zeigt die Leistungen in einer groben Bestimmung ihrer Funktion und einer möglichen Abfolge der Schritte. Es handelt sich dabei um eine idealtypische Abstraktion. Praktisch können die Beiträge je nach Situation unterschiedlich sein, in verschiedenartiger Logik aufeinander folgen, nur einzeln und/oder kombiniert auftreten.

Leistungsschritte	Funktionen	Bezug zum Betrieb
Entdecken	Entdecken des Neuen, Erkennen einer möglichen Relevanz	ohne, prospektiv
Heben	Freilegen, sichtbar machen, zu Tage fördern	
Herrichten	Grobe stofflich-sachliche Veränderungen, Vorbereitung folgender Schritte	
Benennen	Benennen/Umbenennen des Entdeckten als Basis der Kommunikation für potenzielle weitere Schritte	
Bereithalten	Derart bereitstellen, dass eine Übergabe möglich werden kann	indirekt, vorbereitend
Übereignen	Unterstützung/Ermöglichen der Aneignung/Nutzung durch den Betrieb (direkt oder indirekt rechtlich)	
Aufbereiten	Verändern und in eine Form bringen, die betriebliche Weiterverwendungen ermöglicht (»Renderung«)	
Verdaten	Informationell betriebsfunktional fassen; evtl. auch schon in eine digitale Form bringen	direkt, kooperativ
Zuliefern	Direkt betriebsfunktional übergeben; möglichst datenkompatibel und sicher »liefern«	

Tab. 1: Leistungsschritte von Nutzern im vorbetrieblichen Raum der Gewinnung des überwachungskapitalistischen Rohstoffs (eigene Übersicht)

Arbeitende Leistungen

Bei den geschilderten Schritten von Leistungsbeiträgen der von überwachungskapitalistischen Extraktionsversuchen betroffenen Menschen handelt es sich um ursprüngliche Mikro-Funktionen, die oft erst bei genauerem subjektorientierten Hinsehen erkennbar sind. Sie spielen jedoch mit Blick auf die damit möglich werdenden Nutzungen und Verwertungen eines neuartigen Rohstoffs eine wichtige vorbereitende Rolle für die dann darauf zugreifenden Betriebe. In vielen Anwendungsfeldern sind es aus betrieblicher Sicht systematisch zu erfüllende Aufgaben, die sich in darauf aufbauende betriebliche Erfordernisse eingliedern lassen müssen. Die vielgestaltigen Varianten des neuen Rohstoffs und der anschließenden betrieblichen Verwendung beruhen auf entsprechend vielgestaltigen persönlichen Leistungen von Menschen ›vor Ort‹, in (bewusst oder nicht) indirekter oder direkter Kooperation mit profitorientierten Organisationen als vorbetriebliche Hilfskräfte.

Mit subjektorientiertem Blick und mit analytischem Abstand gesehen, können solche Leistungen von Nutzern als sachlich variantenreiches und sozial weitreichendes Feld informeller gesellschaftlicher »Arbeit« verstanden werden.[57] Mit Blick auf in einschlägigen Debatten häufig verwendete Merkmale von »Arbeit« ist gut zu begründen, dass die beschriebenen ursprünglichen Beiträge (die ersten alltagsnahen Schritte der Gewinnung des neuartigen kapitalistischen Rohstoffs) im weitesten Sinne *arbeitende Leistungen von arbeitenden Personen* sind:

Es handelt sich um

- *ergebnisbezogene,*
- *Aufwand* erfordernde
- und gegebenenfalls auch *anstrengende*
- aktive *Tätigkeiten,*
- mit distinktem, *vom Entstehungsprozess ablösbaren Produkt,*
- oft unter Nutzung technischer *Hilfsmittel,*
- für einen arbeitsteiligen betrieblichen *Produktionszusammenhang*
- in einem weitreichenden *gesellschaftlichen Nutzungskontext,*
- der *wirtschaftlich* und sogar
- explizit *verwertungsorientiert* bzw. ökonomisch *wertschöpfend* ausgerichtet ist.

---

57 Die Bemerkung bezieht sich auf die ausführlichen, oft auch kontroversen Diskussionen nicht nur in der Arbeitssoziologie zum Begriff »Arbeit« und auf die Bemühungen um eine Erweiterung des Begriffs. (Vgl. Voß 2018b). Diese führten zu einer flexibel merkmalsbezogenen Bestimmung von Alltagstätigkeiten auch jenseits der Erwerbssphäre als variantenreiche und historisch veränderliche Formen von »Arbeit«, einschließlich der oben erwähnten Postulate zu neuartigen gesellschaftlichen ›Figuren‹ von Arbeitskraft. Darauf wird weiter unten noch einmal einzugehen sein.

Arbeitende Nutzer

Folgt man Zuboff, können die beteiligten arbeitenden Akteure durchaus genauer qualifiziert werden. Es geht um das weite Feld der Nutzer (oder der »User«) digitaler Technologien aller nur denkbaren Art und auf allen nur möglichen Kanälen, insbesondere dort, wo sie sich an über das Internet vermittelten interaktiven Angeboten beteiligen. Analog zu den schon früher in subjektorientierten Analysen diagnostizierten neuartigen arbeitenden Sozialfiguren kann hier von »arbeitenden Nutzern« gesprochen werden.

Stellt man nur die Gemeinde der Nutzer z. B. von Social Media in Rechnung, zeigt sich, dass weltweit eine schier *unglaubliche Zahl von Menschen* im geschilderten Sinne am Geschäft der Überwachungskapitalisten mitwirkt. Ein Großteil der Weltbevölkerung erbringt auf die eine oder andere Art ursprüngliche alltagsnahe Leistungen bei den vorbereitenden Prozessen (Entdeckung und Benennung, Bereithalten, Übereignen und Aufbereiten, Verdaten und Zuliefern) zur Extraktion von dann profitorientiert verwerteten Verhaltens-Rohstoffen, und zwar kontinuierlich. Allein bei Facebook (ohne Instagram, WhatsApp) waren das beispielsweise 2019 täglich fast 1,6 Mrd. Nutzer.[58]

Aber selbst diese Zahlen erzeugen noch einen falschen Eindruck. Sich an der Entdeckung, Hebung usw. irgendwie beteiligende Funktionen finden sich in Bezug auf eine inzwischen ebenfalls schier unermessliche Vielfalt von digitalen Angeboten bei Betroffenen oft *mehrfach* und sogar *zeitgleich*. Auch die Zahl der von Nutzern verwendeten An-

---

58 Facebook allein (ohne Instagram und WhatsApp) hatte zu Beginn 2019 fast 1,6 Mrd. tägliche Zugriffe und monatlich insgesamt gesehen etwa 2,4 Mrd. aktive Nutzer weltweit (also knapp ein Drittel der Weltbevölkerung). Kalkuliert man ein, wer überhaupt Zugang zum WWW hat, und schließt man die ganz Jungen und Alten aus, kommt man leicht auf 50 Prozent der Weltbevölkerung, die einen Umsatz von 15 Mrd. US-Dollar im Quartal 1/2019 sowie einen Nettogewinn im Quartal 4/2018 von 6,8 Mrd. US-Dollar ermöglichten. (Vgl. //AllFacebook.de 2019). Entsprechend umfangreich sind die Nutzungszeiten digitaler Systeme: Personen von 18 bis 34 Jahren verbrachten in Deutschland 2018 wöchentlich circa 65 Stunden und täglich bis zu 19,3 Stunden an ihren smarten Geräten, und bei Personen von 35 Jahren und älter waren es wöchentlich 43 Stunden und täglich 16,1 Stunden. (Vgl. die Postbank Digitalstudie, hier aus ecommerce magazin 2019)

bieter ist größer als die vielzitierten fünf oder sechs Big-Tech-Konzerne, womit alle anderen überwachungskapitalistisch agierenden Unternehmen fast aus dem Blick geraten. Kurz: Die Zahl der potenziell beteiligten arbeitenden Nutzer wird wahrscheinlich drastisch unterschätzt.

Viele der arbeitenden Nutzer sind zudem in nicht immer klarer Abgrenzung zugleich arbeitende Kunden: Die erwähnten Nutzer sind zwar genau genommen keine »Kunden«, weil sie nichts kaufen, nicht zahlen, keinen Verträgen unterliegen (zumindest keinen Kauf- oder Leistungsverträgen); von Verträgen für die Nutzung von Providern und Ähnlichem einmal abgesehen. Aber arbeitende Nutzer sind vor dem Hintergrund der oben beschriebenen Mechanismen häufig eben *auch* arbeitende Kunden, zum Beispiel wenn sie bei Amazon einkaufen. Spannend ist die Verbindung: Amazon etwa ist zwar nach wie vor an Verkäufen und damit an der Mitarbeit der Kunden interessiert. Aber zunehmend ist dies ein nachrangiges Nutzungsinteresse. Es geht dem Konzern immer mehr darum, weitgehend die gleichen Lebens-Spuren bei den Kauf-Kunden abzugreifen, die über andere Kanäle in paralleler Eigenschaft arbeitende Nutzer im oben genannten Sinne sind.[59] Als arbeitende Kunden haben die Nutzer von Amazon schon längst begriffen, dass sie Teil eines neuartigen ökonomischen Spiels sind, bei dem sie mitzumachen haben und dessen Regeln sie beherrschen müssen. Dass sie nun auch noch einen zweiten ›Job‹ übernehmen, merken die meisten nicht – weil es sich nur mit Mühe auseinanderhalten lässt.[60]

---

59 Das weitaus überwiegende Geschäft von Amazon ist inzwischen »Amazon Webservices« oder »Amazon Cloud«, das heißt die Vermarktung von Serverkapazitäten, die Anwendung und das Trainieren von Verfahren der Künstlichen Intelligenz und (was verschleiert wird) die Sammlung und Vermarktung von User-Daten. Der Umsatz (2018 zum Beispiel 25,7 Mrd. US-Dollar) spricht Bände. (Vgl. Wikipedia o. A. o. J. »Amazon Web Services«)

60 In einem Forschungsprojekt wurde zu den Besonderheiten der Leistungen von Social-Media-Nutzern, die keine Kunden i. e. S. sind, empirisch geforscht und entschieden, statt von »arbeitenden Kunden« von »Konsumentenleistungen« zu sprechen. (Vgl. Kleemann u. a. 2012)

Passive Nutzer

Um den arbeitenden Nutzer besser verstehen zu können, ist eine nochmalige Erweiterung des Blicks nötig. Die arbeitenden Nutzer sind nämlich (zusammen mit ihren Partnern, den arbeitenden Kunden) schon lange als neue Figur im überwachungskapitalistischen Geschehen nicht mehr allein. Zunehmend – und trotzdem erstaunlicherweise immer noch fast unbemerkt – sind Menschen in einer immer stärker durchdigitalisierten Welt in Verfahren und Technologien des ungefragten und oft unbemerkten Abgriffs und der profitorientierten Verwendung von Daten eingebunden. Das Thema wird inzwischen unter dem Stichwort »Privacy« (in Deutschland mit anderem Fokus eher unter »Datenschutz«) durchaus beachtet und verweist noch einmal auf eine spezielle Seite des hier interessierenden Gegenstandes. Dazu als Einstieg einige Beispiele, wo und wie Lebens-Spuren von Menschen durch digitale Technologien erfasst werden, ohne dass sie damit im engeren Sinne »Nutzer« wären. Vieles davon ist hinlänglich bekannt, aber es kann nicht schaden, sich das Ausmaß und den Variantenreichtum vor Augen zu führen:

- Im *öffentlichen Raum* befindet man sich immer öfter in überwachten Räumen und Verkehrsmitteln, nicht zuletzt durch die zunehmend eingeführten Smart-City-Technologien.[61]
- In *halböffentlichen Räumen* wie Pflegeinstitutionen, Behörden, Verkehrsinfrastruktureinrichtungen usw. wird man, nicht nur aus Sicherheitsgründen, mit Beobachtungssystemen erfasst und ist damit potenzielle Datenquelle für wen und wofür auch immer.
- In der *Konsumsphäre* wird man als Kunde optisch, manchmal auch akustisch, systematisch datenmäßig registriert, auch wenn man nichts

---

61 Vgl. zu Smart City z. B. Bauriedel/Strüver 2018; Greenfield 2017. Als Pionier galt bis vor Kurzem die Gemeinde Toronto, die in Kooperation mit Google ihre Stadt zu einem Vorreiter von Smart City ausbauen wollte. Aktuell hört man jedoch, dass Toronto angesichts der deutlich werdenden Probleme von diesem Vorhaben evtl. zurücktreten könnte. (Vgl. mit direkter Anspielung auf Zuboff Leyland in The Guardian 2019)

kauft, sondern sich nur umschaut, sich bewegt, Angebote begutachtet usw.

- In immer mehr *Betrieben* werden (offen oder verdeckt) nicht nur der Mailverkehr und die Computernutzung von Mitarbeitern gescannt, sondern fast das gesamte Verhalten räumlich, zeitlich, mit Gesichts- und Emotionserkennung usw. gespeichert und bei Bedarf ausgewertet.

- Immer häufiger gerät die engere *Privatsphäre* zu einem Ort der Beobachtung, wenn zum Beispiel durch die expandierenden Smart Home Technologien und die vielfältigen Personal Assistants (als Fahrrerassistenten oder als Telematiksysteme der Versicherungen im eigenen Fahrzeug), vor allem aber durch die sich epidemisch ausbreitenden digitalen Sprachassistenten (Siri/Apple, Cortona/Microsoft, Assistant/Google und Alexa bei Amazon, inzwischen mit über 100 Millionen verkauften Exemplaren der alles überragende Marktführer) fast flächendeckend Verhalten und Merkmale von Personen erfasst werden.[62]

- Durch *am Körper* (Smart-Watches, Fitnesstracker oder smartphone-basierte EKG-Systeme, Blutzuckermessung und Hautkrebsbestimmung über Smartphones usw.) oder sogar *im Körper* (datenübertragende Medizintechnologien oder sendefähige Chips, die inkorporiert werden) und vor allem *in der Kleidung* getragene Wearables werden kontinuierlich personenbezogene Daten registriert und einer fremden Nutzung, mit oft unklarer Zielsetzung, zugeführt.[63]

- Eng damit verwandt sind die ständig Informationen sendenden *RFID-Chips* (»Radio Frequency Identification«), die immer häufiger in Gegenstände (zum Beispiel Kleidungsstücke oder Warenverpackungen) integriert sind und gleichfalls meist völlig unbemerkt Verhaltensdaten weitergeben; eine Technologie, die trotz ihrer großen Verbreitung nach

---

62 Vgl. speziell zu Digitalen Sprachassistenten die aktuelle Studie der Postbank: In Deutschland nutzen 50 Prozent (!) der Bevölkerung unter 40 Jahren Alexa, Siri & Co. und circa ein Drittel insgesamt. Vgl. Ecin 2019, e commerce magazin 2019, Deutschlandfunk 10.06.2019. Vgl. zum Umsatz von Alexa Handelsblatt 2019.

63 Vgl. zu Wearables und zu Trackern u. a. Duus/Cooray/Page 2018; Duttweiler u. a. 2016; s. a. Mau 2017.

wie vor bei vielen damit in Berührung kommenden Menschen völlig
unbekannt ist.[64]

– Noch vergleichsweise neu ist die oft rein beiläufige Verwendung der
nach wie vor wenig beachteten Systeme eines datenbasierten *Internet of
Things*, die in immer mehr Gerätschaften des persönlichen und beruflichen Lebens eingebaut werden und nahezu lückenlos über deren Verwendung und Einsatzkontexte berichten.[65]

– Und nicht zuletzt geht es um die zahllosen *Smartphone-Apps* (zunehmend auch mit anderen Systemen nutzbar, zum Beispiel Personal
Computern, Tablets, Sprachassistenten oder Smart-Watches), die von
Abermillionen Usern fast ununterbrochen verwendet werden und deren Hauptaufgabe, neben einer meist begrenzten unmittelbaren praktischen Funktionalität für die Nutzer, die unbemerkte kontinuierliche
Weiterleitung von Nutzungsdaten aller Art ist.

Vielfach sind die geschilderten Erscheinungen eng verwandt mit den
vorher schon genannten Formen von Online-Aktivitäten. Aber typisch
ist dann doch, dass die Betroffenen hier eigentlich keine Kunden und
meist auch keine sich bewusst beteiligenden Nutzer im engeren Sinne sind. Sie werden vielmehr unfreiwillig in Prozesse hineingezogen,
die Informationen über sie absaugen und für was und wen auch immer verwerten; oft vordergründig zu angeblich ›sicherheitsrelevanten‹
Zwecken. So werden einzelne, immer häufiger aber auch den gesamten
Alltag von Menschen und deren Personenmerkmale abdeckende Lebens-Spuren einschließlich darauf bezogener informationeller Repräsentanzen akkumuliert. Die Betroffenen (was an dieser Stelle ein pas-
sender Ausdruck ist) sind dabei meist passiv involviert und erleben die
Vorgänge eher vage (oft auch wirklich unwissend) – aber faktisch dann
doch mit irgendeiner diffusen Form von Beteiligung.

Vieles davon stimmt mit dem überein, was auf die Schnelle mit
dem Begriff »Überwachungskapitalismus« (oder auch »Überwachungs-

64 Vgl. speziell zur RFID Technologie Ortmann 2014a, 2014b.
65 Vgl. zum Internet of Things Greengard 2015, auch Greenfield 2017.

staat«)[66] assoziiert wird. Aber genau genommen trifft es nicht den Kern des Zuboffschen Anliegens und des Anliegens dieses Textes: Es geht keineswegs primär um »Technologie« und »Datenschutz«, sondern um etwas Fundamentaleres und wesentlich Weiterreichendes. Und es geht an dieser Stelle auch nicht um die beschriebenen arbeitenden Nutzer im engeren Sinne, sondern um eine schwer fassbare *Grauzone* oder um eine *Variante*. Angesichts der Dynamik der Veränderungen und vor allem vor dem Hintergrund der Vielfalt der Erscheinungen ist es nicht einfach, das Phänomen präzise zu bestimmen. Mit einem vorläufigen Begriff soll diese spezielle Form näherungsweise *Passive Nutzer* genannt und für die folgenden Überlegungen wegen der funktionalen Parallelen dem arbeitenden Nutzer gleichgestellt werden.

Trotz ihrer Besonderheit ist diese Variante von Nutzern ebenfalls an der Generierung des neuartigen Rohstoffs beteiligt, zwar nur indirekt oder stark vermittelt, dafür aber in einem immensen gesellschaftlichen Ausmaß. Meist erfolgt die Beteiligung auf unterschiedliche Weise unbewusst oder passiv, was aber beides auch Moment von Tätigkeit sein kann: Man lässt es sich gefallen, stimmt explizit oder auch nur indirekt zu, ist faktisch fast alternativlos involviert, macht halbbewusst oder unwissentlich irgendwie mit usw.

Um die Erscheinungen in dieser Grauzone grob zu ordnen, ist ein einfaches zweidimensionales klassifikatorisches Schema hilfreich (Tab. 2).[67] Damit kann man unterscheiden, ob Passive Nutzer das bei ihren Aktivitäten vollzogene Abgreifen von Lebens-Spuren einschließlich möglicher darauf bezogener Informationen

- halb-bewusst – oder tatsächlich unbewusst erleben;
- passiv geschehen lassen – oder aktiv ein Eingreifen unterlassen.

---

66 Wie ein digital fundierter autoritärer »Überwachungsstaat« ausschaut, kann (und muss) man am Beispiel Chinas studieren. (Vgl. Strittmatter 2018)

67 Der Autor dankt Christian Papsdorf für den Hinweis, dass man das Feld Passiver Nutzer ausdifferenzieren kann, und für seinen Vorschlag zu einer möglichen Systematisierung.

	halb-bewusst	*unbewusst*
passiv geschehen lassen	Teilbewusste passive Nutzer – Nutzung von Smartphone-Apps, deren tiefgreifende Beobachtungen des Verhaltens vage geahnt, in der konkreten Praxis aber verdrängt werden; – Kooperation mit Sprachassistenten, deren Datenabgriffe diffus bekannt sind, aber nicht ernst genommen werden	Passive Nutzer im engeren Sinne – Nicht erkannte Systeme für Face Recognition im öffentlichen Raum; – nicht erkannte Erfassung des Mailverkehrs von Mitarbeitern in einem Betrieb mit gezielter Verhaltens- und Emotionsanalyse; – Nicht bewusste Weiterleitung von Nutzerdaten beim Besuch von Webseiten mit sog. Social Plug-Ins (z. B. »Like«-Buttons von Facebook)
aktives Eingreifen unterlassen	Teilbewusste-Teilaktive passive Nutzer – Verwendung von Social Media, obwohl man weiß, dass das Verhalten systematisch getrackt wird und Tools zur Abwehr bekannt sind; – Nutzung von Smartphones für Internetbanking in offenen WLAN-Umgebungen ohne geschützte Übertragungswege; – Verwendung von Telematiktarifen von KFZ-Versicherungen in der vagen Hoffnung, dass die Daten nur für die Tarifgestaltung verwendet werden	Teilaktive passive Nutzer – Diffuses allgemeines Wissen um öffentliche Überwachungskameras, aber gezielte Nichtbeachtung konkreter Anlagen; – Nutzung von Fahrerassistenzsystemen ohne konkretes Wissen um die kontinuierliche Übertragung von Informationen zum Verhalten des KFZ-Nutzers; – aktive Beteiligung an KI-Trainings, die als solche nicht erkannt werden (weil sie vermeintlich andere Funktionen erfüllen), oft nicht vermeidbar sind (um Seiten aufrufen zu können), genauso wie mögliche begleitende Informationsextraktionen nicht verstanden werden

Tab. 2: Formen passiver Beteiligung von Nutzern an der vorbetrieblichen Produktion des überwachungskapitalistischen Rohstoffs mit Beispielen (eigene Übersicht)

Dass passive/teilpassive und unbewusste/teilbewusste Beteiligungen von Nutzern an derartigen Vorgängen hier vor allem mit Blick auf daraus zu gewinnende alltägliche Lebens-Spuren thematisiert werden, soll nicht den Blick dafür verstellen, dass es weitere damit verbundene Nutzerleistungen anderer Art gibt. Gemeint ist hier vor allem die nutzerseitig weithin unbeachtete, betrieblich aber höchst bedeutsame und in großem Maßstab betriebene Funktion des *Trainings von fortgeschrittenen Systemen Künstlicher Intelligenz.* Angewendet wird diese beispielsweise bei der Betrachtung und Weiterverwendung speziell dazu ausgerichteter Bilddateien (oft mit erwarteter Verschlagwortung o. ä.), bei den Reaktionen auf CAPTCHA-Tests[68] oder während der Nutzung von Sprachassistenten (Cortona, Siri, Google Assistant, Alexa u. a. m.) mit dem Ziel des Trainings von Spracherkennungssystemen. Der Google-Mutterkonzern Alphabet ist neben Amazon der mit Abstand größte Verwender dieser Art von KI-Training Systemen, in die inzwischen auch Nutzer einbezogen werden. Die Funktion ist eine sehr spezifische Variante der hier thematisierten passiven Nutzerarbeit. Eine wichtige Verbindung besteht darin, dass beim Training von KI durch Nutzer möglichst vielfältige Verknüpfungen mit Userinformationen vorgenommen werden, die dann natürlich ebenfalls im Sinne des neuen Rohstoffs abgegriffen werden können, auch wenn das in diesem Fall vielleicht nicht das zentrale Anliegen ist. Was da jeweils Haupt- und Nebengeschäft ist, lässt sich fast nicht unterscheiden.[69]

Festzuhalten ist an dieser Stelle, dass es sich trotz solcher Differenzierungen durchwegs um eine Beteiligung von Nutzern gleich welcher Art an der Entdeckung, Benennung, Hebung usw. des überwachungskapitalistischen Grundmaterials handelt, also auch hier um Arbeit, zumindest indirekt. Und nicht zuletzt ist das Volumen zu beachten! Gerade die Passiven Nutzer sind gesamtwirtschaftlich gesehen alles andere als eine Marginalie: Bon ihnen stammt vermutlich die größte Masse aller erfassten Nutzerinformationen, aus denen dann betriebsseitig der neuartige Rohstoff wird.

---

68 CAPTCHA heißt »completely automated public Turing Test to tell Computers and Humans apart«. (Vgl. Wikipedia o. A. »Captcha«)

69 Die Thematik des KI-Trainings zu vertiefen, wäre ein eigener Arbeitsschritt, der hier nicht geleistet werden kann. Vgl. dazu die wichtige Andeutung bei Daum, der diese Funktion von einer »unbezahlten User-Arbeit« abgrenzt, mit Letzterem aber genau genommen etwas anderes meint als hier im Text (Daum 2019, S. 98).Vgl. als Hintergrundinformation auch den Artikel von Martin-Jung (2017) mit Blick auf Google, der aber nicht erwähnt, dass Nutzer zunehmend in derartige Trainings eingebunden werden. Dass aus dieser Funktion ein eigenes Geschäftsmodell entstanden ist, zeigt ein Blick auf die Firma Clickworker.de (vgl. Clickworker.de o. J.), bei der online-Mitarbeiter (natürlich aktiv und bewusst … und nur geringfügig entlohnt) den Trainings zuarbeiten. Statt Clickworker könnten auf indirekteren und nicht direkt erkennbaren Wegen eben auch Nutzer solche Leistungen übernehmen; und das geschieht auch genauso in großem Maßstab.

*Smartphones usw. – ein Exkurs in die Welt der Social Media
und deren Extraktionspraktiken*

Der vorstehende Hinweis auf Smartphones und andere für Social Media
genutzte Technologien (Tablets, Smart Watches, Sprachassistenten usw.)
ist Anlass, mit einer Anmerkung und Beispielen genauer auf deren Bedeutung einzugehen. Die unzähligen Apps für Smartphones und meist
auch schon für PC-Anwendungen und Ähnliches bieten bis auf wenige
Ausnahmen eher banale, zum Teil aber besonders bei jungen Usern sehr
beliebte Angebote an. Ihr eigentliches Ziel ist aber oft nichts anderes, als
schlicht massenhaft personenbezogene Daten zu generieren. Ein Großteil der für eine Verwendung abgefragten Informationen ist für die Funktion der Angebote faktisch unnötig. Das gilt sogar für viele ›seriöse‹ Anbieter, die fast ohne Ausnahme über ihre Apps völlig selbstverständlich
ein nicht erkennbares Tracking des Nutzerverhaltens (sogar außerhalb
ihrer eigenen online-Angebote) betreiben. Man erkennt das nur, wenn
man spezialisierte Programme für die Aufspürung und Ausschaltung der
Trackingtools benutzt (z. B. bei Firefox gut einzurichten, was aber nur
wenige wissen und tun) – um dann nicht selten die ärgerliche Erfahrung
zu machen, von der Nutzung der Angebote ausgeschlossen zu werden.

Einigen Nutzern von WhatsApp ist bei der Einführung neuer »Da-
tenschutz-Richtlinien« vor einiger Zeit klar geworden, was da eigentlich vor sich geht: Um WhatsApp weiter nutzen zu können, musste
man vollumfänglich einer großen Zahl von Zugriffen auf Daten und
deren unklaren Verwendung zustimmen – anderenfalls wurde man
vom Programm ausgeschlossen. Ohne alles gelesen zu haben (es waren
60 Seiten – der Autor hat sich die Mühe gemacht) stimmten die meisten zu und akzeptierten damit etwa auch (was geschickt verschleiert
wurde), dass man pauschal nicht nur einen Zugriff auf die personenbezogenen allgemeinen Daten erlaubt, sondern auch die Verwendung
aller Inhalte, die über die App gepostet und/oder ausgetauscht werden.
Zudem stimmte man zu (was angeblich nach öffentlichem Druck geändert wurde), dass Facebook (der Mutterkonzern von WhatsApp) auch
auf die Informationen zu allen Personen in der Kontaktliste zugreifen
darf, deren Zustimmung man vorher eingeholt habe. Facebooks Hin-

weis auf die sichere Verschlüsselung von Daten war dann ein typisches Beispiel für die üblen Ablenkungs- und Verschleierungsmanöver überwachungskapitalistischer Konzerne, die auch Zuboff heftig kritisiert: Die Übertragung zwischen den Teilnehmern oder zu Facebook mag ja gegen Zugriffe Externer gesichert sein (obwohl sich regelmäßig zeigt, dass das vermutlich so nicht stimmt), aber das ist nicht der eigentliche Knackpunkt. Facebook selbst interessiert sich für jeglichen Content, der über seine Kanäle läuft (Schrift, Sprache, Symboliken, Abbildungen, Interaktionen usw.), und für alles, was man damit datenanalytisch in Verbindung mit den personenbezogenen Daten erschließen kann.

Leser werden das alles wahrscheinlich in groben Zügen wissen … aber ihr Verhalten gegenüber Facebook werden wohl viele dennoch nicht kritisch geprüft haben. Vielleicht hat man in Antizipation der ausgesprochen lästigen Folgen zugestimmt, mit denen völlig unverblümt gedroht wird: ›Deine Freunde können Dich nicht mehr erreichen …‹, ›Du erfährst nicht mehr, wie es Ihnen geht und was sie über Dich denken …‹, ›Niemand sieht mehr, was Du machst und wie es Dir geht …‹ usw. Solche Drohungen sind ein wichtiger Teil der Strategien vieler Konzerne. Folge ist u. a. das sogenannte Symptom des »Fear of Missing Out« (Angst ausgeschlossen zu werden), das gerade bei Jugendlichen inzwischen weltweit als gravierende psychische Beeinträchtigung ernst genommen wird.[70] Manche Jugendliche scheinen sich dessen jedoch inzwischen bewusst zu werden und nehmen eigenständig Einschränkungen vor. Wie weit das geht, ist schwer abzuschätzen. (Vgl. Papsdorf u. a. 2018)

In Reaktion auf einen Streit mit dem Apple-Konzern, der eine App von Facebook verbieten wollte (weil damit auf Informationen zur Aktivität der Nutzer von Facebook über Apples System zugegriffen werden konnte) plant Facebook inzwischen, wie berichtet wird, eine App namens »Study«, die den Nutzern eine geringfügige Entschädigung anbietet, wenn sie einem umfangreichen Abgriff ihrer Verhaltensdaten für Marketingzwecke (von anderen Zwecken ist offiziell nicht die Rede …)

---

70 »Fear of Missing Out« (FOMO) meint die Angst etwas zu verpassen und ausgeschlossen zu werden. (Vgl. o. A. Stangl 2019) Vgl. insgesamt zu Gesundheitsfolgen exzessiven Social-Media-Konsums Evers-Wölk/Opielka 2019.

zustimmen. (Vgl. Paul 2019) Dass Facebook kurz danach in den USA zu einer Strafe in Milliardenhöhe wegen der Weiterabe von Nutzerdaten an die Datenanalysefirma Cambridge Analytica (vgl. Amer/Noujaim 2019) verurteilt wurde, ändert an der Praxis wenig (in einem Vergleich wurde die Summe angeblich reduziert) – der Betrag liegt weit unter der Schmerzgrenze des Konzerns und führt höchstens dazu, dass man zukünftig vorsichtiger sein wird. (Vgl. Carrie Wong 2019)

Ein Urteil des Europäischen Gerichtshofs im Juli 2019 machte zudem eine wenig bekannte, aber weit verbreitete Praxis mit ähnlichen Mechanismen deutlich, mit der viele Webseiten auch vermeintlich seriöser Anbieter in Europa sogenannte Social Plug-Ins von Facebook integriert haben (z. B. Like-Buttons), die beim schlichten Besuch der Seiten umfangreiche Nutzerdaten ohne Wissen der Nutzer abgreifen und an Facebook weiterleiten – auch ohne Click auf den Button (!) und sogar ohne einen Account der Nutzer bei Facebook (!). Ob das Urteil hieran etwas ändern wird, bleibt abzuwarten. Auf die Nutzung der Daten bei Facebook selbst, soviel ist schon bekannt, hat das Urteil zumindest keine Auswirkungen. Vermutlich wird sich an den Extraktionsstrategien über solche Mechanismen auch dadurch kaum etwas ändern, dass Nutzer nun die Möglichkeit bekommen sollen, Datenabgriffe mit dem neuen Tool »Off-Facebook Activity« zu steuern. Eher ist das Ganze Teil der regelmäßigen Versuche des Konzerns, akute öffentliche Angriffe mit Techniken der Verschleierungen der wahren Methoden und Ziele abzuwehren. (Vgl. Hurtz 2019)

Ganz aktuell ist die Enthüllung, dass ein Marketingkonzern millionenfach detaillierte Informationen zu den Nutzern von Instagram über deren »Stories« aus dem Portal abgegriffen und weiterverwertet hat. (Vgl. Spiegel Online o. A. 2019a) Zudem wurde nun auch noch bekannt, dass Facebook (ähnlich wie schon Amazon bei »Alexa«) Sprachnachrichten über seinen Messengerdienst abhören und transkribieren ließ, um sie von Mitarbeitern auszuwerten, ist dies ein weiteres Beispiel für verborgene übergriffige Methoden. An den generellen Datenpraktiken des Konzerns wird sich auch nach solchen Enthüllungen aber so schnell nichts ändern. (Vgl. Spiegel Online o. A. 2019b)

Eine höchst aufschlussreiche Hintergrundanalyse präsentiert die New York Times im Rahmen ihrer weit ausholenden Serie »Privacy

Project«. Mit dem Vergleich der sich im Laufe der Jahre ändernden Datenschutzmitteilungen von Google (vgl. Warzel/Ngu 2019) kann man einen Eindruck davon bekommen, welch unglaubliche Datenmengen von Usern völlig offen erfasst werden. Lesenswert ist auch der ernüchternde und letztlich erschreckende Zwischenbericht der New York Times zum Privacy Project (Fowler 2019). Aktuell hat eine Recherche der Washington Post ergeben, dass Trackingpraktiken ähnlich denen bei Smartphone-Apps seit langem auch bei viel genutzten Browsererweiterungen beispielsweise von Firefox und Chrome praktiziert werden. Nutzer von Smartphones und anderen Devices mit Social-Media-Zugang sollten darüber Bescheid wissen … (vgl. Allwörden/Beuth 2019).[71]

Abb. 7: Aufbereiten von Lebens-Spuren (Foto: Ylanite Koppens/pexels, gemeinfrei)

---

71 Wer einen näheren Eindruck bekommen will, wie derartige Übergriffe aussehen wenn sich ein ganzer Staat der digitalen Instrumente bedient, um eine völlig neue Qualität der Überwachung von Bürgern aufzubauen, sollte unbedingt nach China schauen, um frühzeitig ähnlichen Entwicklungen bei uns entgegentreten zu können. (Vgl. dazu eindringlich Strittmatter 2018)

Freie und unfreie Arbeit mit kapitalistisch genutzten
persönlichen Produktionsmitteln

Mit der Perspektive auf die Arbeit von Nutzern (auch in der passiven
Variante) gerät eine weitere Besonderheit in den Blick, mit der sich In-
ternetintellektuelle oder sich mit Digitaler Arbeit herumschlagende Soziologen schon früh abgemüht haben: Die hier betrachteten produktiven Tätigkeiten folgen in Vielem nicht den Merkmalen, die bei der
soziologischen Analyse von Arbeit üblicherweise ins Auge fallen. Gemeint ist nicht nur, dass die Arbeit hier nicht entlohnt wird (immerhin bekomme man ja, so das Argument mancher Anbieter, etwas »um-
sonst«), sondern auch, dass sie auf eigentümliche Art ›frei‹ ist. Sie ist
nicht fremdbestimmt, man kann ja eigentlich machen, was man will
usw. Schon beim arbeitenden Kunden wurde gezeigt, dass eine solche
Wahrnehmung in vielfacher Hinsicht eine völlig falsche Einschätzung
ist: Dessen Arbeit und dann auch die des arbeitenden Nutzers sind
eingebunden in komplexe prozessorale Verhaltensvorgaben, einzuhal-
tende Qualitätsanforderungen, technische Abläufe, organisatorische
Strukturen usw., auch wenn das nicht immer sofort ersichtlich ist.[72]
Die Arbeit der Nutzer für den Überwachungskapitalismus mag nicht
im konventionellen Sinne organisatorisch beherrscht sein, aber opera-
tiv findet sie in einem durch und durch kontrollierten und kontrollie-
renden Rahmen statt, dem man kaum entgehen kann, auch weil die
Systeme oft wenig durchschaubar sind. Das weiß jeder nur zu gut, der
einmal einem überkomplexen digitalen System ausgesetzt war, ob beim
Buchen komplizierter Verkehrsverbindungen oder bei der Installation
eines aufwändigen technischen Update, bei dessen Anbieterportal sich
unerwartet unverständliche Hindernisse auftun und man keinerlei Unterstützung finden kann. Nutzerarbeit ist, wie die Kundenarbeit und
vieles von dem, was im WWW geschieht, irgendwie *eigentümlich frei*
und doch auf diffuse Weise *zugleich unfrei*. Genau diese Kombination

---

72 Max Weber mag Ähnliches gefühlt haben (auch wenn er das WWW noch nicht
   kannte …), wenn er etwa mit Blick auf Bürokratien und Fabriken vom vielzitierten
   »stahlharten Gehäuse« sprach (Weber 1986 [1920], S. 203).

prägt sie durch und durch und führt zu manchen Irritationen, im Alltag wie auch bei der Analyse.

Um das Bild weiter zu komplettieren noch eine letzte, gleichfalls nicht unwichtige Ergänzung: In der technikbezogenen Anthropologie ist gut begründet beschrieben worden, dass der Mensch entwicklungsgeschichtlich von Anfang an nicht nur immer schon ein Animal Laborans war, sondern auch ein seine Möglichkeiten technisch erweiterndes Wesen, das sich vielfältige Werkzeuge geschaffen und diese genutzt hat (vgl. etwa Plessner 1975 [1928] und natürlich Marx 1969 [1967]). Natürlich benutzen arbeitende Kunden, arbeitende Nutzer und auch passive Nutzer zumindest fallweise technische Systeme aller Art als Hilfsmittel für ihre Tätigkeit an den Schnittstellen zum Überwachungskapitalismus. Sie verfügen damit aus Sicht des hier interessierenden Themas über leistungsfähige *persönliche Produktionsmittel*, auch wenn das den Betreffenden nicht bewusst sein mag. Es sind keine kapitalistischen Produktionsmittel im engeren politökonomischen Sinne. Diese sind weiterhin in den Händen und unter Kontrolle der profitorientierten Konzerne, mit denen es die Nutzer zu tun haben. Es sind persönlich genutzte Mittel, die produktiv für profitgenerierende kapitalistische Aufgaben eingesetzt werden. Sie werden damit zu *kapitalistisch genutzten persönlichen Produktionsmitteln.*

4.1.4 Persönliche Produktionsverhältnisse: Zur Lebensführung arbeitender Nutzer

Weitet man den Blick und löst sich von einer Thematisierung nur der unmittelbaren Tätigkeiten arbeitender Nutzer, gerät deren größerer Lebenszusammenhang in den Fokus. Man erkennt dann, dass als neuer Rohstoff für den Überwachungskapitalismus nicht nur einzelne verstreute Lebens-Spuren mit darauf bezogenen informationellen Repräsentanzen Opfer der Zugriffe sind. Gegenstand überwachungskapitalistischer Interessen sind in besonderer Weise auch deren zeitliche, sachliche, soziale usw. *Zusammenhänge* auf verschiedenen Ebenen: betrieblich, privat, lokalräumlich, branchenbezogen, gruppen- und milieuspezifisch, sogar gesamtgesellschaftlich. All dies könnte Gegenstand vertiefender Analysen (und Strategien kapitalistischer Ausbeutung) sein. Hier soll nur eine weitere Ebene herausgegriffen werden: Die *Alltägliche Lebensführung* von Menschen in ihrer Eigenschaft als arbeitende Nutzer.

Persönliche Produktionsverhältnisse

Mit diesem Fokus wird deutlich, dass die kapitalistisch interessierende Vielfalt alltäglicher Lebens-Spuren von Menschen und deren Zuarbeit als Nutzer bei der Extraktion der Spuren nicht isoliert in Erscheinung treten. Sie bedingen und beeinflussen sich wechselseitig und ergeben, koordiniert durch einen persönlichen Rahmen der Tätigkeiten, ein mehr oder weniger konsistentes Gesamtgefüge, wie es das Konzept »Alltägliche Lebensführung« für die Tätigkeiten von Menschen in ihrem Alltag allgemein thematisiert. Man kann also die Analysedimensionen des Konzepts heranziehen (vgl. u. a. Voß 1991)[73] und in Bezug auf die Tätigkeiten der Nutzer fragen, ob und wie die Aktivitäten…

- *zeitlich* angeordnet sind,
- *räumliche* Bezüge aufweisen,
- *sachlich* in einem Zusammenhang stehen,
- durch *soziale* Beziehungen geprägt sind,
- mit *technischen Mittel* unterstützt werden,
- *sinnhaft* gesteuert und integriert sind,
- *Fähigkeiten* erfordern,
- mit spezifischen Formen des *Befindens* bzw. von *Emotionen* begleitet sind,
- davon geprägt sind, dass Menschen *körperliche* Wesen sind.

Das Feld möglicher Themen ist damit groß und soll hier nicht ausgebreitet werden.

---

73 Als Dimensionen wurden zuerst zeitliche, räumliche, sachliche, soziale, sinnhafte und mediale (auch technische) Aspekte angeben. (Voß 1991, S. 261 ff.) Inzwischen wurde dieser Katalog um die Dimensionen Fähigkeit (auch Qualifikation), Befinden (auch Emotion) und Körper (auch Gender) erweitert. Siehe auch unten in Abschnitt 5.2.

Es soll jedoch festgehalten werden, dass Lebens-Spuren als Objekt kapitalistischer Ausbeutung, mehr aber noch als Objekt arbeitender Nutzertätigkeit eine systemische Qualität aufweisen, die (von wem und wozu auch immer) beachtet werden muss. Betrachtet man diese als arbeitsförmigen Zusammenhang, dann wird die Lebensführung der Nutzer zu einer Art ›Produktionsplattform‹. Sie bildet eine Rahmung der Nutzertätigkeiten, die für eine kapitalistische Nutzung mehr oder weniger explizit auch genau in diesem Sinne beeinflusst werden kann. Sie wird damit zu einem individuellen und zugleich kapitalistisch genutzten und kontrollierten zeitlichen, räumlichen, sachlichen usw. *persönlichen Produktionsverhältnis*.[74] Und so tritt uns das Leben als arbeitende Nutzer weithin entgegen! Das ist natürlich nicht nur für uns als Betroffene oder soziologische Beobachter von Bedeutung, sondern auch für die Unternehmen, die die Nutzer überwachungskapitalistisch im wahrsten Sinne des Wortes ›auf dem Schirm‹ haben.

Persönliche Produktionsverhältnisse als Teil gesellschaftlicher Verhältnisse

Wie beim Konzept Alltägliche Lebensführung allgemein muss auch hier betont werden, dass niemand sein gesamtes Leben völlig allein lebt und daher auch niemand völlig isoliert Lebens-Spuren äußert – schon gar nicht als arbeitender Nutzer. Das mag zeitlich, sachlich, räumlich usw. durchaus gelegentlich der Fall sein. Aber bei den allgegenwärtigen Social Media ist faktisch niemand allein – von den flächendeckenden systematischen Beobachtungen und Steuerungen durch Zuboffs »Big Other« ganz zu schweigen. Zuckerberg gibt als Ziel von Facebook gerne an, dass Menschen »Communities« bilden und damit gute Freunde werden sollen – mit welchen Hintergedanken auch immer. Fast schon genau in diesem Sinne ist die Lebensführung der arbeitenden Nutzer zwar immer ein System der Person, aber zugleich auch immer systematisch sozial. Sie

---

74 Auch Marx spricht von »persönlichen Verhältnissen« die er den »gesellschaftlichen« gegenüberstellt (Marx 1969 [1861], S. 91 ff.) und unterscheidet analog ein »persönliches Individuum« vom »Klassenindividuum« (Marx/Engels 1978 [1932], S. 75 f.).

ist direkt und indirekt (etwa über Social Media vermittelt) in *gesellschaftliche Zusammenhänge aller Art eingebunden* und dadurch geprägt.

Für arbeitende Nutzer bedeutet das, dass ihr persönlicher Arbeits- und Produktionszusammenhang Teil weitreichender gesellschaftlicher Produktionsverhältnisse ist – der betrieblichen Verhältnisse einzelner Unternehmen wie dann vor allem der übergreifenden Strukturen und Dynamiken des neuartigen Überwachungskapitalismus. Das ist wesentlich weniger selbstverständlich, als es für den mit einer solchen Materie vertrauten Leser klingen mag – schon gar nicht, wenn gefragt wird, wie sich das im Einzelnen konkret darstellt.

Nicht zuletzt geht es darum zu verstehen, dass und wie gerade auch bei den überwachungskapitalistischen Extraktionen von Lebens-Spuren und der Nutzung einer arbeitenden Vorbereitung durch Betroffene das persönliche Produktionsverhältnis Lebensführung sich mehr oder weniger einer individuellen Steuerung entziehen und verselbständigen kann, so dass es ein ausgeprägtes Moment von *Entfremdung* bekommt (vgl. Voß 2001). Das Konzept Alltägliche Lebensführung begreift auch das Entfremdungsthema erst einmal persönlich. Lebensführung kann ein Eigenleben bekommen und der Person als ›fremde‹ Struktur gegenübertreten, zum Beispiel dadurch, dass sie sich aufgrund eingegangener sozialer Verpflichtungen nicht umstandslos ändern lässt oder sich mit der Zeit die Zwänge des eigenen Alltags nur noch schwer durchschauen lassen. Hier ist aber etwas darüber Hinausgehendes gemeint.

Vieles von dem, was im Umgang vor allem mit Social Media bei Nutzern zunehmend Unbehagen erzeugt, hat mit einem Gefühl der Fremdbestimmung zu tun. Man nutzt nicht mehr souverän die sogenannten »Angebote«, sondern man wird benutzt, als individuelle Person und auch ihm Rahmen der individuellen Lebensführung. Zuboff meint dazu: Wir sind keineswegs die Beherrscher der genutzten Systeme – wir sind der zombihafte »Kadaver, der liegen bleibt« (Zuboff 2018, S. 439), wenn alle vitalen Lebens-Spuren der Menschen überwachungskapitalistisch abgesaugt sind.

Es geht aber noch eine Stufe komplizierter. Die Entfremdung durch die Nutzung der Social Media (und aller anderen digitalen Systeme) bleibt der Lebensführung nicht äußerlich, sondern geht in sie ein und unterliegt auch als Entfremdung der Tendenz alltäglicher Systeme, den Betroffenen fremd zu werden. Die digitale Entfremdung wird gerade auch bei den arbeitenden Nutzern zur *Entfremdung in der und durch die persönlichen Entfremdungen,* und sie wird dann auch so erlebt: ›Ich bin ja selber schuld, dass mir das über den Kopf wächst‹, es ist ›meine Lebensführung, die mich nervt‹.

4.1.5 Der arbeitende Nutzer

Wenn man das bisher Gesagte zusammenführt, kann versucht werden, wie bei den anderen Figuren neuartiger Arbeitskraft, *Merkmale arbeitender Nutzer* zu formulieren – ohne die Grauzone »Passive Nutzer« extra zu berücksichtigen. Für beide gilt nämlich, dass sie als neue Leitfiguren systematisch an einem »user generated capitalism« mitarbeiten (Daum 2019, S. 14), und ihre Arbeit zwar »unbezahlte User-Arbeit« ist (ebd., S. 98), aber in keiner Weise eine ›freie‹ Betätigung darstellt – im Gegenteil. Der spezifische Charakter der neuen Figur besteht darin, dass ihre Repräsentanten unter dem Schein von Freiheit und unter Missbrauch des tiefliegenden Bedürfnisses von Menschen nach sozialer Anerkennung als *arbeitende Vorproduzenten* des neuartigen Rohstoffs tätig sind, ihre produktive Leistung aber nicht als solche anerkannt wird.

Die Bestimmung typologischer Merkmale folgt einer analytischen Dreiteilung, die zuerst bei der Beschreibung des Arbeitskraftunternehmers und dann des arbeitenden Kunden verwendet worden ist. Relevant sind dabei die Unterschiede speziell zum arbeitenden Kunden, auch wenn dieser teilweise dieselbe Funktion erfüllt wie der arbeitende Nutzer.

– *Tätigkeit – Mitarbeit an der Gewinnung extern vernutzter Lebensäußerungen.* Arbeitende Nutzer beteiligen sich in immer mehr Lebensbereichen auf alltagspraktisch ursprüngliche Weise produktiv an der Extraktion menschlicher Lebens-Spuren und darauf bezogener informationeller Repräsentanzen für externe wirtschaftliche Zwecke. Damit erfüllen sie wichtige Funktionen im Vorfeld der betrieblichen Nutzung und profitorientierten Verwertung eines neuartigen kapitalistischen Rohstoffs.

Die Lebens-Spuren werden unter Mitarbeit der Nutzer aktiv entdeckend freigelegt, damit sichtbar gemacht, manchmal auch operational neu benannt. Für eine weitere betriebliche Nutzung werden direkt oder indirekt Verfügungs- oder Besitzrechte gewährt, und der Rohstoff damit faktisch den Betrieben übereignet. In basaler Weise werden die Spuren zudem für weitere Extraktionsschritte hergerichtet und für einen Zugriff bereitgehalten. Sie werden zum Teil auch von den Nutzern durch ursprüngliche Rendition zu einer extern handhabbaren Form aufbereitet und für eine Zulieferung vorbereitet. Oft ist das als Rohstoff gewünschte Material auch schon nutzerseitig mittels eigener technischer Mittel digital transformiert, so dass es zur weiteren Ausbeutung den weiterverarbeitenden Betrieben direkt technisch zugeliefert werden kann.

– *Ökonomie – Lebensäußerungen bekommen ökonomischen Wert.* Die extrahierten Lebens-Spuren bekommen jenseits des jeweiligen Lebenskontextes als kapitalistischer Rohstoff einen hohen ökonomischen Wert. Dieser Wert, aber auch die Tatsache der Extraktion und der folgenden Verwertung sowie die im Vorfeld geleistete faktische Mitarbeit werden gegenüber den arbeitenden Nutzern (und gegenüber einer allgemeinen Öffentlichkeit) mehr oder weniger verborgen gehalten oder ideologisch umgedeutet. Die Nutzer stehen gleichwohl als Personen, insbesondere bei ihrer Mitarbeit an den verschiedenen Schritten der Rohstoffgewinnung, faktisch ununterbrochen unter einer ökonomisch ausgerichteten Beobachtung und Kontrolle von Seiten der nutzenden Betriebe, mit einem zumindest indirekten Verhaltensdruck hinsichtlich der erwarteten ökonomischen Verwertbarkeit des Materials.

– *Lebensführung – der Lebenskontext wird in die Produktion des neuen Rohstoffs einbezogen.* Der gesamte persönliche und soziale Lebenskontext der Nutzer wird durch ihre arbeitende Beteiligung in den Extraktionsprozess einbezogen und auch darauf ausgerichtet. Basis ist die zunehmende Nutzung von digitalisierten Systemen als persönliche Produktionsmittel im Rahmen der jeweiligen Alltäglichen Lebensführung als (so gesehen) persönliches Produktionsverhältnis. Der erforderliche Aufwand und daraus entstehende persönliche Belastungen steigen kontinuierlich. Die begleitende Verhaltens-Überwachung, Verhaltens-Voraussage und Verhaltens-Steuerung wird, wie die ökonomische Dimension, betriebsseitig systematisch kaschiert oder ideologisiert. Die persönlichen und gesellschaftlichen Folgen sind kurz- und langfristig erheblich, werden aber nur mühsam persönlich und öffentlich in ihrer Bedeutung begriffen.

4.2 Extraktion des überwachungskapitalistischen Rohstoffs – Eine neue Landnahme

Die Argumentation von Zuboff zielt in ihrem ökonomischen Kern auf eine Dynamik, die nicht nur von ihr als entscheidend für die Stabilisierung und Expansion kapitalistischer Ökonomien, ja für die Entwicklung der kapitalistischen Gesellschaft insgesamt beurteilt wird.

Voraussetzung für eine kontinuierliche Reproduktion der Grundlagen kapitalistischer Verwertung ist die *ständige Zufuhr ausbeutbarer Ressourcen* im weitesten Sinne. In der konventionellen Ökonomie zielt dies auf die bekannten Produktionsfaktoren (Arbeit, Boden sowie Sach- und Humankapital, darunter auch Rohstoffe, Technik, Anlagen sowie Arbeitskraft u. ä.) und den Zugang zu immer neuen Märkten. Im marxistischen Denken geht es analog um ein Wachstum der Produktivkräfte (nach Marx die entscheidende Größe für den Übergang zu neuen sozioökonomischen Gesellschaftsformationen) und natürlich auch hier um materielle Ressourcen – die Ressource Arbeitskraft auf der einen und Märkte für die Realisierung der geschaffenen Werte auf der anderen Seite. Stagniert die Zufuhr dieser Faktoren oder ist der Zugang zu Ressourcen und Märkten erschwert, stockt die kapitalistische Dynamik. Folge ist die Gefahr einer partiellen oder umfassenden Krise, für Einzelkapitalien wie auch für die gesamte kapitalistische Formation, national und zunehmend auch global. Entscheidend ist dann eine Forcierung des Zugangs zu Ressourcen und zu nutzbaren Märkten. Basis dafür sind etwa Innovationen, aber auch innen- und außenpolitische Eingriffe sowie eine erweiterte Erschließung von Rohstoffen, oder besser: die Entdeckung, Ausbeutung und Nutzung neuartiger Rohstoffquellen. Man erkennt leicht das Muster der Zuboffschen Argumentation. Auch dort ist zentral, dass es nicht um ein schlichtes Mehr an schon bekannten Ressourcen geht, sondern um einen grundlegend »Neuen Rohstoff«.

Dieser Gedanke gleicht fast bis ins Detail der Denkfigur von Marx. Polanyi kannte diese Argumentation von Marx und hat sie für seine These der »Great Transformation« zu den ersten Formen eines institutionalisierten Kapitalismus anschaulich herangezogen.

Wirklich neuartige Rohstoffe (und Märkte) finden sich mit fort-
schreitender historischer Entwicklung jedoch kaum mehr in den kapitalistisch hinreichend bekannten und beherrschten Bereichen – und sie
sind durch die kapitalistische Konkurrenz vehement umkämpft. Das nötige ›Neue‹ lässt sich nur noch in je neuen Terrains im weitesten Sinne
aufspüren – etwa durch Eroberung neuer Weltregionen, paradigmatisch
gesehen durch erneute imperialistische Strategien mit neokolonialisti-
schem Impetus oder zukünftig vielleicht auch durch die Eroberung ex-
traterristischer Gebiete (bei der man sich gerne an Kolumbus erinnern
könnte). Genau das beschreibt Zuboff für den aktuellen Überwachungskapitalismus mit ihrem Blick auf die Zugriffe auf einen neuartigen Typus
von Rohstoff und darauf bezogene, erst nach und nach zu entdeckende
neue Verwertungsmöglichkeiten. Die komplementäre, im weitesten Sinne marxistische Diskussion könnte damit interessante Anregungen aus
den Analysen der Harvard-Professorin beziehen – und umgekehrt. Beide
nehmen sich aber bisher wechselseitig nicht systematisch zur Kenntnis.[75]

Wenn hier nun im Folgenden danach gefragt wird, ob die variantenreiche marxistische Diskussion zu diesem Thema hilfreiche Ideen bieten
kann, um Zuboffs Überlegungen zu schärfen, steht als entscheidende
Kategorie die sogenannte kapitalistische »Landnahme« und die sich darum rankende Diskussion im Zentrum. Diese soll in einem ersten Schritt
noch einmal überblickshaft betrachtet werden. Es folgt in einem zweiten Schritt die These, dass die Analyse der Extraktionslogik des Überwachungskapitalismus fast bis ins Detail einer ähnlichen Theoriefigur folgt
und angesichts der aktuellen Situation in Wirtschaft und Gesellschaft tatsächlich von einer neuen Landnahme gesprochen werden kann. Hier soll
deshalb dezidiert festgehalten werden, dass sich aktuell eine *fundamental
neuartige Logik kapitalistischer Landnahme* vollzieht, die man aber erst mit
dem oben schon angelegten *subjektorientierten Blick* verstehen kann.

---

75 Bei Zuboff gibt es einige Hinweise auf die mit dem Begriff »Ursprüngliche Akkumulation« indirekt verbundene marxistische Tradition zu diesem Thema. (Vgl. z. B.
   Zuboff 2018, S. 124)

4.2.1 Die Diskussion zur »Landnahme«

Das Thema der »Landnahme« ist alt, sehr alt. Vermutlich die ganze Geschichte der menschlichen Zivilisationen hindurch haben Gesellschaften oder mächtige Teilgruppen immer wieder, und meist gewaltsam, im weitesten Sinne fremde Territorien und dort zu findende Ressourcen aller Art (einschließlich der dort lebenden Menschen) unterworfen und übernommen. Kurzum: Sie haben sich mit räuberischen oder kriegerischen Aktionen ökonomisch bereichert: an edlen Metallen und anderen erdgebundenen Schätzen, landwirtschaftlichen Gütern, Kunstwerken und natürlich Geld (soweit es schon genutzt wurde), aber auch an produktiv nutzbaren Ressourcen wie Gerätschaften und Waffen, Menschen, die zu Sklaven wurden, Frauen, die sexuell ausgebeutet oder in Heiraten gezwungen wurden usw. – und nicht zuletzt schlicht an ›Land‹. Solche, meist immer noch ungebrochen gewaltsamen Praktiken der Landnahme findet man bis heute in nicht wenigen Regionen unseres Planeten.

Wegen der Bedeutung dieses Phänomens, vor allem für das Anliegen dieses Textes, folgt deshalb zunächst eine Übersicht wichtiger Stationen der wissenschaftlichen Beschäftigung mit der erst spät »Landnahme« genannten Thematik.[76]

Vorläuferkonzepte und klassische Ansätze

Eine frühe und für die dann später folgende Debatte schon aufschlussreiche Variante eines dem Landnahmetheorem entsprechenden Gedankens findet sich im Übergang zum 16. Jahrhundert. Gemeint ist eine Auseinandersetzung mit dem schon damals überaus einträglichen protoindustriellen Bergbauwesen im Erzgebirge (das nicht zufällig so heißt), das sich offensichtlich auch zu jener Zeit nicht unerheblichen gesellschaftlichen

---

76 Der Begriff »Landnahme« selbst wird erst spät in einem wissenschaftlichen Kontext verwendet und schon bei Burkart Lutz, dem die Soziologie die systematische Beachtung des damit verbundenen kapitalismustheoretischen Gedankens verdankt, nicht ganz nachvollziehbar Rosa Luxemburg zugeschrieben. Darauf hat den Autor Georg Jochum hingewiesen, der auch recherchiert hat, dass die möglicherweise früheste explizite wissenschaftliche Verwendung bei Carl Schmitt zu finden ist. Dazu unten mehr.

Konflikten ausgesetzt sah. (Vgl. Jochum 2018, S. 108 ff.) Der Chemnitzer Schullehrer *Paulus Niavis* (Paul Schneevogel) etwa beschreibt in Form einer fiktiven Gerichtsverhandlung die Anklage der »Mutter Erde« gegen die Figur des Bergmanns wegen des gewalttätigen Angriffs auf sie und genauer sogar wegen »Muttermordes« (Niavis 1953 [1480], Abb. 8). Thema im Sinne dessen, was dann später »kapitalistische Landnahme« heißt, ist der schon eindeutig Profitmotiven geschuldete Ein- und Übergriff in eine noch ›jungfreulich‹ Region, die neuartige Rohstoffe verspricht: neben dem bevorzugt gesuchten Silber auch andere Erze. Der Eingriff in eine bisher unvereinnahmte Region ist hier der Eingriff in die Tiefe der Erde, der (wenn man Berichten folgt) soziale Unruhen in Form eines zunehmenden »Berggeschreys« in der Region auslöste. (Vgl. Grober 2018)

Abb. 8: »Iudicum Iovis – oder das Gericht der Götter über den Bergbau« (unbek. Künstler, Titelbild von Niavis ca. 1480, Ausschnitt/aus Jochum 2018, S. 109)[77]

---

77 Man erkennt im Ausschnitt des Frontispiz der Schrift von Paulus Niavis links die anklagende Mutter Erde mit zerlöchertem Gewand, rechts den des Muttermordes beschuldigten (damals meist eher kleinwüchsigen) Bergmann in typischer Kleidung und Ausstattung, in der Mitte Jupiter als göttlichen Richter.
Mehr zur Abbildung: Gesamttitel der Schrift von Paulus Niavis (Paul Schneevogel) »Iudicium Iovis ad quod mortalis homo a terra tractus parricidii accusatus« circa

Deutlich später, aber dafür im Rahmen eines dann als Grundlagenwerk angesehenen wissenschaftlichen Textes, unternimmt der Chemnitzer Universalgelehrte für Bergbauwesen und Mineralien- und Metallkunde *Georgius Agricola* (Georg Bauer) Ähnliches (Agricola 1974 [1556]). Er sieht sich, wie Niavis, explizit genötigt, zu Beginn seines Buches zeittypische Kritik am Bergbau im Erzgebirge mit philosophischen, anthropologischen, sozialen, sogar schon ökologischen Argumenten und fast theologisch klingenden Rechtfertigungen des bergmännischen Eingriffs in die Tiefen der Erde abzuwehren, um dann das gesammelte Bergbauwissen seiner Zeit auszubreiten. Thema ist die Frage, wieso es gerechtfertigt ist, für ökonomische Interessen die dem Menschen von Gott zugewiesene Oberfläche der Erde zu verlassen, um in der Tiefe Rohstoffe freizulegen und (so mit der bergbaurischen Formulierung) zu »schürfen«.[78]

1480, unbek. Künstler, Ausschnitt; von der Schrift ist nur ein Exemplar erhalten, Bergakademie Freiberg; eine Gesamtansicht findet sich bei Grober 2018.

78 Der kapitalistische Kampf um mineralische ›Bodenschätze‹ und dann um Öl und Gas in der Tiefe der Erdkruste ist keineswegs beendet. Belustigung angesichts der Probleme im Erzgebirge vor 600 Jahre, ist daher mitnichten gerechtfertigt. Im Gegenteil. Die Welt ist mehr denn je voller gewalttägiger Auseinandersetzungen um derartige Rohstoffe: von den Konflikten der Großmächte um Seeregionen mit der Hoffnung auf Öl und Methangas und die Sicherung von Fischereirechten (neben dem Kampf um militärstrategische Fragen, die von den Rohstoffkonflikten aber nicht zu trennen sind), über die völkerrechtlich komplizierten Konflikte um die Polregionen mit ähnlichem Hintergrund, die forcierte Förderung von Erdöl und Erdgas durch neue technische Verfahren (v.a. chemisches Fracking in tiefen Gesteinsformationen oder Ausschwemmen von Ölsanden) in den USA und in Kanada, die intensiven bürgerkriegsähnlichen Versuche, den Zugang zu Coltan in Zentralafrika zu sichern, die (noch nicht gewalttätigen) Bestrebungen, die für die Produktion neuer Technologien erforderlichen vielzitierten 17 sogenannte Seltenen Erden bzw. Spezialmetalle in großem Maßstab abzubauen (z.B. Lithium in China und der chilenischen Atacama-Wüste, nachdem dort im Übergang zum 20. Jahrhundert deutsche Unternehmen im großen Maßstab Salpeter geschürft haben, in Minen auf 4000 Meter, mit minimal entlohnten indigenen Arbeitskräften und unter grenzwertigen Lebensbedingungen) bis zur noch nicht industriell umgesetzten Förderung von Mangan-Kobalt-Knollen in der pazifischen Tiefsee und von Methanhydratsedimenten z.B. im norwegischen Schelf usw. All das ist moderne kapitalistische Landnahme in reinster Form. Vgl. dazu als aktuelle Literatur Brunner u.a. 2019 sowie die beeindruckende Filmdokumentation »Erde« von Nikolaus Geyrhalter (2019) mit extremen weltweiten Beispielen dazu, wie der Mensch gerade auch aktuell die Erdoberfläche im wahrsten Sinne des Wortes ›tiefgreifend‹ bewegt und

Abb. 9: »Bergaltar« in Annaberg (Hans Hesse 1521, Ausschnitt/Wikimedia Commons)[79]

Karl Marx war noch einmal eine ganze Epoche später und zu Zeiten einer schon industriellen Ökonomie der erste, der einen systematischen Zusammenhang zwischen Landnahmevorgängen und der Entstehung und dann Expansion des Kapitalismus herstellte. In seinen Überlegun-

---

verändert, um erdgebundene Rohstoffe aller Art für eine ökonomische Verwertung zu schürfen. (mehr: https://www.geyrhalterfilm.com/erde)

79 Der Ausdruck »Bergaltar« bezieht sich auf Abbildungen an der Rückseite des Altars der St. Annenkirche in Annaberg–Buchholz (Sachsen). Künstler war der Maler Hans Hesse, der ein mehrteiliges Tafelbild zur Weihe der Kirche im Jahr 1521 schuf. Die hier im Ausschnitt gezeigte berühmte Abbildung ist der Mittelteil des Altarbildes und zeigt in vielen Szenen die Arbeit der Bergleute bei der Gewinnung und Aufbereitung von Silbererz aus kleinen Einzelstollen, die vielfach verschiedene Eigentümer hatten und in der Region verbreitet zu finden waren. (Vgl. Wikipedia o.A. »St. Annenkirche – Annaberg-Buchholz«).

Mehr zur Abbildung: Ausschnitt aus dem Mittelteil des Altarbildes in der St. Annakirche von Hans Hesse aus dem Jahr 1521, unbek. Fotograf, Wikimedia Commons, gemeinfrei.

gen zur »Ursprünglichen Akkumulation« (Marx 1969 [1867]: Kap. 24, S. 741–702, auch Marx 1941 [1939], S. 383–421) beschreibt er, dass eine Ausbreitung nachfeudaler Ökonomien erst möglich wurde durch ein vorheriges »Vorhandensein größerer Mengen von Kapital und Arbeitskraft in den Händen von Warenproduzenten« (Marx 1969 [1876], S. 741). Die Anhäufung (»Akkumulation«) von dann kapitalistisch produktiv zu nutzenden Ressourcen sei über große Zeiträume hinweg vorwiegend mittels gewalttätiger Entnahme von verwertbaren Ressourcen aus fremden Territorien durch mehr oder weniger schon staatliche Akteure erfolgt. Marx nennt diesen mit vielen Details geschilderten Prozess »ursprünglich«, »weil er die quasi Vorgeschichte des Kapitalismus und der ihm entsprechenden Produktionsweise bildet« (Marx 1969 [1876], S. 742). Von »Landnahme« spricht er nicht, auch wenn der Ausdruck sehr passend gewesen wäre, weil es in großen Teilen immer auch um die Inbesitznahme eben von ›Land‹ ging (und allem, was darauf und darin zu finden war, einschließlich der Bevölkerung). Schon deutlich (wenn auch kurz) verweist er aber auf die besondere Rolle kolonialistischer Aktivitäten bei der Gewinnung von produktiv nutzbarem Reichtum in fremden Weltterritorien (Marx 1969 [1867]: Kap. 25, S. 792–802).

Die eigentliche und, vor allem im Kontext der hier interessierenden Frage nach dem neuartigen Rohstoff für einen Überwachungskapitalismus, entscheidende Grundidee stammt dann von *Rosa Luxemburg*. In ihrer »Einführung in die Nationalökonomie« geht sie ausführlich auf das Thema »Akkumulation« bei Marx ein (vgl. Luxemburg 1975 [1915]). Sie kritisiert, dass Marx eine »erweiterte Reproduktion« des Kapitals allein auf Basis eines einmal etablierten kapitalistischen Systems unterstellt. Dabei würden die imperialistische Dynamik und die ökonomischen Effekte des Kolonialismus übersehen, durch die das Kapital in großem Maßstab Rohstoffe aus (und Absatzmärkte in) nicht oder nicht vollständig kapitalistisch transformierten Weltregionen erschließt. Diese vermeintlichen Marginalien seien in Wahrheit fundamental für den Kapitalismus als Formation und für seine allgemeine Entwicklung. Er benötige für seine Entwicklung systematisch Ressourcen aus »nichtkapitalistischen Schichten und Gesellschaften« (Luxemburg 1975 [1915], S. 310 f.). Diese seien meist noch naturalwirtschaftlich geprägt und würden dann kapitalistisch nicht nur durch »Aufsaugung« als »Nährboden« weiterer Expansion genutzt (Luxemburg 1975 [1915], S. 334), sondern in einem fortschreitenden »Vernichtungskampf« (Luxemburg 1975 [1915], S. 289) durch »Zersetzung« (Luxemburg 1975 [1915], S. 310 f.) letztlich in den Untergang gezogen:

> »Zur produktiven Verwendung des realisierten Mehrwerts ist erforderlich, dass das Kapital fortschreitend immer mehr den gesamten Erdball zur Verfügung hat, um in seinen Produktionsmitteln quantitativ und qualitativ unumschränkte Auswahl zu haben.«(Luxemburg 1975 [1915], S. 280). »Der Kapitalismus kommt zur Welt und entwickelt sich historisch in einem nicht-kapitalistischen sozialen Milieu«, das er dann zugleich zerstört (Luxemburg 1975 [1915], S. 289).

Folge ist nach Luxemburg, dass der Kreis kapitalistischer Produktion und Marktbeherrschung immer weiter ausgeweitet wird, sich dadurch weltweit der Konkurrenzkampf um noch nicht genutzte Produktionsgrundlagen verschärft, diese Extraktionsdynamik dann nach und nach an systematische Grenzen gerät:

> »Der heutige Imperialismus ist [...] der letzte Abschnitt seines geschichtlichen Expansionsprozesses: er ist die Periode der allgemeinen verschärften Weltkonkurrenz der kapitalistischen Staaten um die letzten Reste des nichtkapitalistischen Milieus der Erde.« (Luxemburg 1975 [1915], S. 479).

In der Rezeption der Luxemburgschen Argumentation ist bis heute umstritten, ob damit bei ihr eine objektive Grenze kapitalistischer Reproduktion gemeint ist, mit daraus folgenden historischen Möglichkeiten einer revolutionären politischen Umgestaltung, oder ob es dem Kapitalismus nicht auch aus ihrer Sicht irgendwie regelmäßig neu gelingt, in immer weiteren Schritten noch nicht genutzte Sphären für eine kontinuierlich »erweiterte Reproduktion«.zu entdecken. Derartige Überlegungen prägen dann alle folgenden Beschäftigungen mit der Landnahmethese.

Carl Schmitt – ein Exkurs

Bevor zur engeren Landnahmediskussion gekommen wird, ist ein Seitenblick zu *Carl Schmitt* erhellend. Schmitt ist ein aufgrund seiner Verstrickungen in den Faschismus umstrittener, aber bei Juristen bis heute zum Teil immer noch geachteter Autor, der zumindest explizit von »Landnahme« (manchmal auch »Seenahme«, ders. 1995, S. 583) spricht und dabei eine interessante Variante der Nutzung des Begriffs vorlegt. In staats- oder völkerrechtlicher Intention beschreibt er unter Rückgriff auf den altgriechischen Begriff »Nomos« (Ergreifen eines Raums als Wohnstätte; noch erkennbar im deutschen »Nehmen«) die geschichtliche Entstehung von Herrschaftsräumen sowie insgesamt von herrschaftlichem »Gesetz« als Folge ursprünglicher territorialer Besitzergreifungen, Aufteilungen und Abgrenzungen. Deutlich wird dabei dann u. a. die für ihn typische Legitimation von Freund-Feind-Grenzen (»Friedenslinien«) (vgl. Schmitt 1950):

> »Der Nomos ist demnach die unmittelbare Gestalt, in der die politische und soziale Ordnung eines Volkes raumhaft sichtbar wird, die erste Messung und Teilung der Weide, d. h. die Landnahme und die sowohl in ihr liegende wie aus ihr folgende konkrete Ordnung. [...] In der Landnahme, in der Gründung einer Stadt oder einer Kolonie wird der Nomos sichtbar, mit dem ein Stamm oder eine Gesellschaft oder ein Volk sesshaft wird, d. h. sich geschichtlich verortet und ein Stück Erde zum Kraftfeld einer Ordnung erhebt.« (Schmitt 1950, S. 39 f.), »[...] jenseits dessen nur das Recht des Stärkeren« gilt (Schmitt 1950, S. 60).

Ein solcher Gedanke richtet sich zwar nicht explizit auf eine kapitalistische Landnahme, zeigt aber Momente, die auch dafür zentral sind. Da gerade bei diesem Autor die Sprache aufschlussreich ist, um zu verstehen, was hinter seinen Ideen steckt, soll erneut ein ausführliches Zitat seine latente Sicht auf Landnahme verdeutlichen:

Land und Ressourcen (sowie auch die Menschen) »unzivilisierter Völker« seien »herrenlos« und stünden damit unbeschränkter Ausbeutung frei zur Verfügung (das veröffentlichte Schmitt noch Anfang der 50er Jahre!). Spätestens bei dieser direkt auf den Kolonialismus abzielenden Spezifizierung wird dann auch der kapitalistische Hintergrund deutlich, denn Kolonisatoren waren auch bei Schmitt fast immer von wirtschaftlichen Interessen getrieben:

> »So ist die Landnahme für uns nach Außen (gegenüber anderen Völkern) und nach Innen (für die Boden- und Eigentumsordnung innerhalb eines Landes)

der Ur-Typus eines konstituierenden Rechtsvorganges.« (Schmitt 1950, S. 17), auch wenn das Land »[…] dem bisherigen, anerkannten Besitzer und Gebieter weggenommen« wird, was ein schwierigeres »rechtliches Problem« bedeutet als der »Erwerb bisher freien, herrenlosen Bodens« (Schmitt 1950, S. 16). Solche Probleme »[…] zeigen sich bei der Landnahme freien kolonialen Bodens außerhalb Europas. Dieser Boden war frei okkupierbar […, da] bei völlig unzivilisierten Völkern […] die Macht der eingeborenen Häuptlinge kein Imperium, die Nutzung des Bodens durch die Eingeborenen kein Eigentum [war und es von daher nicht nötig sei] Rücksichten zu nehmen […] Der landnehmende Staat kann das genommene koloniale Land hinsichtlich des Privateigentums […] als herrenlos behandeln.« (Schmitt 1950, S. 171)

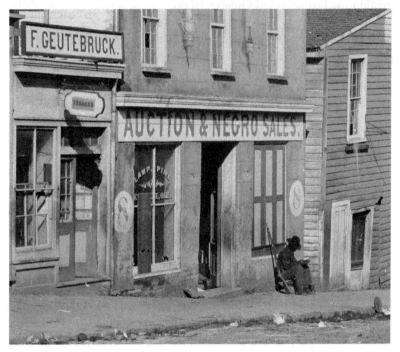

Abb. 10: Ware Mensch. Sklavenhandel in Atlanta
(Foto: G.N. Barnard 1864/Wikimedia Commons, gemeinfrei)[80]

80 Mehr zur Abbildung: Foto von George N. Barnard 1864; »Slave Market Atlanta Georgia, Whitehall Street«, US Library of Congress, https://hdl.loc.gov/loc.pnp/cwpb.03351, hier aus Wikipedia (o. A.) »Ursprüngliche Akkumulation«, zugl. Wikimedia Commons, gemeinfrei.

Neuere Landnahmekonzepte

Eine Forscherinnengruppe um *Maria Mies, Claudia Werlhof und Veronika Bennholdt-Thomsen* entwickelt in den frühen 1980er Jahren ein Konzept, mit dem die in der Mainstreamökonomie wie auch im Marxismus weitgehend unsichtbare Haus- und reproduktive Frauenarbeit in den Fokus gestellt wird (»Bielefelder Subsistenzansatz«, vgl. u. a. Mies 1982; Werlhoff/Mies/Bennholdt-Thomsen 1988, s. a. Mies 2009). Wichtiger Hintergrund ist die an Marx' »Ursprüngliche Akkumulation« anschließende Kolonialismustheorie von Luxemburg und der Blick auf die für die kapitalistische Reproduktion notwendige Erschließungen nicht (voll) ökonomisch vereinnahmter Sozial- und Weltsphären, oder eines kapitalistischen »Außen«. Zweierlei ist für die Bielefelder Autorinnen dabei entscheidend: Zum einen, dass der Kapitalismus seit jeher auf die nicht entlohnte produktive (meist weibliche) Arbeit im privaten häuslichen Subsistenzkontext für die Erzeugung neuer und die Regeneration aktiver Arbeitskraft zurückgreift. Hinzu komme ein wachsender Zugriff kapitalistischer Unternehmen auf billige, haushaltsgebundene weibliche Arbeitskraft (meist als Heimarbeit) in wenig entwickelten Weltregionen. Geschützte Lohnverhältnisse in den kapitalistischen Kernregionen werden dadurch zugunsten von deregulierten, ungeschützten, flexiblen, hausarbeitsnahen Arbeitsverhältnissen abgebaut. Beides wird bei den Autorinnen als »Hausfrauisierung« zusammengefasst, mit der eine spezifische Form kapitalistischer Verwertung noch nicht gänzlich ökonomisch unterworfener Bereiche in den Blick genommen wird, die bis dahin kaum thematisiert wurde, auch nicht bei Marx oder Luxemburg. Ziel dieses Ansatzes war (und ist es bei den noch aktiven Autorinnen weiterhin), ohne Nennung des Begriffs »Landnahme« Zusammenhänge zwischen kapitalistischer Akkumulation und (oft patriarchal vermittelter) Ausbeutung von Arbeit in drei in gewisser Weise noch kapitalismusfernen »Kolonien« zu verdeutlichen: Frauen/Hausarbeit, Natur und ›Dritte Welt‹.

Große Bedeutung für die aktuelle Diskussion zur Landnahme kommt dann *Burkardt Lutz* und seiner Rezeption der Argumentation von Luxemburg zu, die in manchem der von Werlhoff/Mies/Bennholdt-

Thomsen gleicht (Lutz 1984, insbes. S. 62 ff.). Er sieht viele Überlegungen von Luxemburg als historisch widerlegt an und erkennt erhebliche Schwächen in ihren werttheoretischen Begründungen. Trotzdem sind für ihn die Überlegungen auch Ende des 20. Jahrhunderts und speziell in Deutschland relevant, vor allem für die mehr denn je diskontinuierliche Entwicklung des modernen Kapitalismus, die Lutz in seinem Buch besonders interessiert. In Luxemburgs Milieumodell kapitalistischer Expansion, für das er ihr (fälschlicherweise) den Begriff »Landnahme« zuweist, sieht er einen hilfreichen Erklärungsansatz. Er greift darauf zurück, auch wenn er ihre These eines unausweichlichen Ende des Kapitalismus infolge der Auszehrung nichtkapitalistischer Potenziale, vor allem des Kolonialismus, nicht teilt: Die Spielräume bisheriger Landnahmen und damit langjähriger Expansionserwartungen (billige Rohstoffe, Agrarprodukte aus der Dritten Welt, Absatzmöglichkeiten usw.) würden gleichwohl an Grenzen stoßen und seien inzwischen faktisch aufgebraucht. Zudem zeigten sich nach und nach Spätfolgen der »vergangenen Prosperität«, vor allem der »Verfall der ökologischen, ökonomischen und gesellschaftlichen Lebensbedingungen«, die »nicht mehr beherrschbare Prozesse systemischer Destabilisierung auslösen« können (Lutz 1984, S. 267). Seine ambivalenten Hoffnungen richten sich dann darauf, dass neues Wachstum nur möglich ist, wenn (neben der Entwicklung neuer politisch-institutioneller Rahmenbedingungen) alternative Wege einer Landnahme gefunden werden. Diese könnten sich auf eine »innere Landnahme in Form weitgehender Absorption des bis dahin immer noch starken traditionellen Sektors« (Lutz 1984, S. 62) richten, womit er vor allem das Arbeitskräftepotenzial in landwirtschaftlichen und handwerklichen Milieus im Auge hat.

Klaus Dörre schließt sich eine Generation später explizit an Lutz an, gibt der These einer »inneren Landnahme« aber eine spezifische Wendung (vgl. Dörre 2009, 2011). In der seit Lutz' Zeiten vollzogenen posttayloristischen Transformation kapitalistischer Arbeitsregime und vor allem in der diese begleitenden neoliberalen Neuausrichtung der Arbeits- und Sozialpolitik sowie eines insgesamt finanzkapitalistisch neu zugerichteten öffentlichen Sektors erkennt er eine neue Art kapitalistischer Landnahme bisher gebundener innergesellschaftlicher Potenziale von Arbeitskraft. Damit ist die zunehmende Auflösung sozialer Sicherungen gemeint und in Folge dessen die Bedrohung der bisher mittels »De-Kommodifizierung« (das heißt die Dämpfung der sozialen und individuellen Folgen warenförmiger Arbeitskraft) gegen kapitalismustypische Gefährdungen weitgehend geschützten Erwerbstätigen. In anderen Worten: »Re-Kommodifizierung« in Begleitung eines wieder verstärkten Drohpotenzials durch den für den Kapitalismus charakteristischen Mechanismus der »industriellen Reservearmee« (Marx 1876/1976, S. 657 ff.). Diese sozusagen politisch induzierte Landnahme zieht nach Dörre kapitalistische Expansionspotenziale aus einem systematisch wieder erweiterten innergesellschaftlichen Zugriff auf das Arbeitsvermögen und die Arbeitsbereitschaft nun wieder besser verfügbarer, geringer entlohnter und weniger abgesicherter Beschäftigter. Ähnlich wie Luxemburg erkennt Dörre darin eine neue (und zugleich alte) Weise der Nutzung von Arbeitskraft, die »verallgemeinert, was Marx allein für die Periode ursprünglicher Akkumulation gelten lassen wollte.« (Dörre 2009, S. 47)

Dörres Überlegungen finden eine gewisse Entsprechung in der Argumentation des US-amerikanischen Marxisten *David Harvey* (vgl. insbes. Harvey 2005, 2014),[81] der das Landnahme-Theorem nicht explizit verwendet, aber ähnlich in der sozialpolitischen Einhegung des Kapitalismus ein »Hindernis der Kapitalverwertung« (Dörre 2009, S. 43) und einer weiterer Expansion sieht. Dies sei ein Strukturproblem des modernen Kapitalismus des 20. Jahrhunderts, das mit der weltweiten Durchsetzung neoliberaler bzw. post-fordistischer Strategien aufgebrochen werde. Stärker als Dörre betont er in seinen Texten, dass aus dieser Entwicklung eine forcierte »universelle Entfremdung« und eine »Akkumulation durch Enteignung« in fast allen gesellschaftlichen Bereichen bis hinein in die letzten Räume des täglichen Lebens erwächst, was einem erweiterten Landnahme-Effekt beim Zugriff auf Arbeitende gleichkomme. (Vgl. Harvey 2018a, 2018b; s. a. kurz Brunner 2019) Diesen Gedanken verbindet Harvey mit einer erneuten Interpretation der von Marx entwickelten Unterscheidung einer »formellen« und »re-

---

81 Auch Zuboff geht kurz auf Harvey ein. (Vgl. 2018, z. B. S. 124)

ellen Subsumtion« von Arbeit und Gesellschaft unter kapitalistische Verwertungslogik (Marx 1976 [1876], S. 531 ff. insbes. S. 533). Während erstere konkreten praktischen Verhältnissen äußerlich und damit partiell bleibe (und damit viele Lebensaspekte weiterhin der gewohnten vorkapitalistischen Logik folgen könnten), würden bei einem sich weiter entwickelnden Kapitalismus und damit einer forcierten »reellen Subsumtion« zunehmend alle Sphären von Arbeit (und dann auch von Gesellschaft insgesamt) umfassend kapitalistisch geprägt werden.[82] So gesehen ist auch diese bekannte Marxsche Begrifflichkeit eine Art Landnahmethese.

Als letztes Beispiel einer zumindest latent mit »Landnahme« operierenden Denkweise sei die komplexe Position des Autorenteams *Michael Hardt/Antoni Negri* erwähnt, die beide stark durch den von Antonio Gramsci beeinflussten italienischen Postoperaismus und dessen spezifische politische Position geprägt sind. Schon indirekt in ihren frühen Werken *Empire* und *Multitude* (Hardt/Negri 2002, 2004), und dann ausführlich in *Common Wealth* (Hardt/Negri 2010) und aktuell in *Assembly* (Hardt/Negri 2018) beschreiben sie eine veränderte Qualität kapitalistischer Ausbeutung, die an die Landnahmethese erinnert, aber einen anderen Zugriff wählt, theoretisch und vor allem politisch. Ohne auf die oben beschriebenen Positionen (mit Ausnahme Harvey) explizit einzugehen[83] heben sie hervor, dass auch in hoch entwickelten kapitalistischen Gesellschaften immer noch (oder wieder) nichtkapitalistische Freiräume für vielfältige soziale Aktivtäten bestehen. Als zentralen Begriff wählen sie dazu die Idee der *Commons*.[84] Das ist eine traditionsreiche Kategorie mit weit zurückreichender historischer Herkunft aus dem dörflichen Gemeineigentum, das von jedem Einwoh-

---

82 Vgl. auch Fuchs 2018, sowie die frühen Beiträge von Bergmann 1989 und Schmiede 1989 zur Marxschen Unterscheidung von »formeller« und »reeller« Subsumtion.

83 Marx steht bei Hardt/Negri immer hinter der Argumentation (auch die »Ursprüngliche Akkumulation« und die »Notwendigkeit des Außen« nach Luxemburg, Hardt/Negri 2000, S. 233 ff., S. 252 ff.), interessanter Weise meist auch Spinoza.

84 Vgl. zu »Commons« (und dem deutschen Äquivalent der »Allmende«) den Überblicksartikel in der Wikipedia, o. A. Siehe auch das mit dem Nobelpreis für Wirtschaft gewürdigte Buch von Ostrom 1990 zur Idee der Commons und aktuell in Deutschland Helfrich/Bollier 2019.

ner etwa für die Viehhaltung benutzt werden konnte. Bekannt ist, dass diese gemeinsame Nutzung von (wie aktuelle Ökonomen sagen würden) kollektiven Gütern mit der Durchsetzung des modernen Kapitalismus weithin durch die beschriebene Landnahme privatisiert, kommodifiziert und dabei vor allem in ihrer kollektiven Eigentümlichkeit zerstört wurde. Es gebe dazu nur wenige Ausnahmen und teilweise Reaktivierungen mit begrenzter Bedeutung, etwa in der Genossenschaftsbewegung. Hardt/Negris Sicht darauf ist aber eher nicht der nostalgische Rückblick, sondern der Fokus darauf, dass Commons eben nicht gänzlich verschwunden sind, sondern genau genommen in großer Vielfalt (oft unsichtbar und verstreut) im kollektiven Leben der Menschen weiterexistieren. Sie betonen sogar mit großer Entschiedenheit die aktuelle Neubelebung kollektiver Nutzungsformen und regelrecht gegenkapitalistischer Milieus – ganz im Luxemburgschen Sinne. Diese Commons seien jedoch vor dem Hintergrund des aktuellen (wie sie es nennen) »kognitiven« oder »immateriellen« Kapitalismus (Digitale Arbeit, Emotions- und Wissensarbeit, personenbezogene Dienstleistungen, Projektorganisation usw.) kaum mehr als explizite politische Gegenbewegungen, sondern eher fragmentiert in kleinräumigen Aktivitäten wirksam[85]. Derartige Formen mehr oder weniger offen gegenkapitalistischer Bemühungen bezeichnen Hardt/Negri mit dem vielbeachteten Begriff »Multitude«. (Vgl. ausführlich Hardt/Negri 2002, 2004) Leitlinie der Autoren ist dabei weniger die Klage über den Verfall politischer Gegenaktivität, sondern im Gegenteil eine bemerkenswert utopische Hoffnung auf eine historische Stärkung der Commons mit möglicherweise sogar systemsprengender Kraft.[86, 87]

---

85 Hardt/Negri bezeichnen das mit Gramsci als »molekular«.

86 Siehe auch die Diskussion von Harvey mit Hardt/Negri zu ihren ähnlichen, aber an entscheidender Stelle doch unterschiedlichen Positionen in der Zeitschrift TippleC (Jahrgang 2018, Heft 1): Harvey 2018a und 2018b, Hardt/Negri 2018a und 2018b; s. a. Fuchs 2018.

87 Vgl. für einen Versuch, die Landnahme-These auf digitale Arbeit zu übertragen, Boes u.a 2015. Auch Daum spielt auf die Landnahmethese im Digitalen Kapitalismus an, wenn er auf die zunehmende »Datafizierung […] nicht ›datenkolonisierter‹ Gebiete« verweist (Daum 2019, S. 40).

4.2.2 Neue kapitalistische Landnahme: Eine subjektorientierte Interpretation

Die Diskussion zur Landnahme erfasst zusammen mit Vorläufern und Nebenästen allgemein eine zentrale Dynamik gesellschaftlicher Entwicklung und – spezifischer –kapitalistischer Reproduktion. Es geht dabei um die historisch durchgehend erforderliche (aber nach Lutz: diskontinuierliche) Stabilisierung und Expansion profitbasierter Wirtschaftsweisen durch Zugriff auf nicht (oder nicht vollständig) kapitalistisch zugerichtete Bereiche. Mit Abstand besehen erkennt man dabei nicht nur verschiedenartige Formen dessen, was da jeweils als Objekt einer kapitalistischen Landnahme in Frage kommt, sondern auch eine Art historische Abfolge.

Rückblick

Die erzgebirgischen Autoren fragten, wie und mit welcher Legitimation die bis dahin nicht umfassend erschlossenen *Tiefenregionen* der Erde zu erschließen seien. Marx erkannte die Extraktion von Rohstoffen in noch nicht kapitalistisch vereinnahmten Vorläuferökonomien und damit eine *»ursprüngliche Akkumulation«* von Kapital als nicht zuletzt kolonial geprägte »Vorgeschichte« des modernen Kapitalismus (was Zuboff verarbeitet hat, S. 124).[88] Luxemburg griff dies auf und stellte mit einer entscheidenden Erweiterung der Perspektive fest, dass der Kapitalismus für seine Reproduktion durchgängig auf die Ausbeutung *nichtkapitalistischer »Milieus«* angewiesen ist. Der Staatsrechtler Schmitt gab dem Vorgang wohl den Namen und beschrieb »Landnah-

---

88 Dass damit faktisch auch die grausame vorkapitalistische Geschichte der Landnahme gleich einer kompletten Weltregion und ihrer Ressourcen und Reichtümer in Folge der Entdeckungen von Kolumbus und anderer Konquistadoren in den Blick gerät, ist bei Marx erstaunlicherweise kein systematisches Thema – aber sehr wohl bei Zuboff, wenn auch nur als Beispiel für ihren speziellen Fokus (Zuboff 2018, S. 207). Vgl. ausführlich zu Themenkomplex Kolumbus und dessen Bedeutung für die frühe nicht allein geographische Entgrenzung der Welt als wichtiger Schritt zu Modernisierung Jochum 2017.

me« als *Urform der Staatenbildung* durch *territoriale Aneignungen* – im Zweifel auch durch Unterwerfung »nicht zivilisierter« Gesellschaften.

Die Bielefelder Feministinnen sprachen nicht von Landnahme, stellten aber mit dem Begriff *»Hausfrauisierung«* einen uralten Mechanismus kapitalistischer Herrschaftsausübung mit zumindest struktureller Gewalt zur Erschließung von nicht (oder nicht gänzlich) kapitalistisch vereinnahmten ökonomischen Sphären im gesellschaftlichen *»Innen«* und im globalen *»Außen«* heraus. Lutz führte die Kategorie in die moderne Soziologie ein und postulierte die Notwendigkeit einer neuen *innergesellschaftlichen Landnahme* durch Zugriff auf noch *nicht voll durchkapitalisierte traditionale Milieus*. Dörre sieht aktuell Ähnliches, erkennt aber eine neue »innere« Landnahme im *Zugriff auf postfordistisch re-kommodifizierte Gruppen* von Arbeitskraft und in einer neoliberal geschwächten sozialen Sicherung.

Harvey generalisiert den Gedanken und stellt die im Kapitalismus des ausgehenden 20. Jahrhunderts zunehmende *universelle Entfremdung* und *Enteignung* menschlicher Existenz heraus, die einen landnahmeähnlichen neuen Zugriff auf Arbeitskraft erlaubt. Die Verbindung mit einer Reaktivierung der Unterscheidung von »formeller« und »reeller Subsumtion« ist schlüssig. Sie verweist vor allem darauf, dass eine neue universelle Landnahme zwar innerkapitalistisch erfolgt, aber jetzt alle Grenzen sprengt, nach außen, wenn sie eine neuartige *weltweite Unterwerfung* hervorbringt, nach innen, wenn sie selbst in die Mikrosphären von Gesellschaft eindringt. Genau diese innergesellschaftlich »molekulare« Wirkung landnehmender Zerstörung von Strukturen der »Commons«, wie zugleich die Hoffnung auf eine gegenkapitalistische Reaktivierung, ist die Perspektive von Hardt/Negri.

Lässt man all das vor seinem inneren Auge vorbeiziehen, sieht man die historischen Veränderungen: Anfänglich ist Landnahme zur Gewinnung neuer Rohstoffe wirklich im Sinne des Wortes auf »Land« oder fremde »Länder« bezogen. Es geht fast zeitgleich um noch nicht kapitalistisch vereinnahmte Ressourcen im nahen oder fernen »Außen« der Zentren. Zunehmend zeichnet sich aber ab, dass landzunehmende Ressourcen im echten ›Außen‹ der Kapitalismen knapp werden, die Schöpfung des Nicht-Kommodifizierten sozusagen ›erschöpft‹ ist. Das hat zur Folge, dass sich Landnahme nach neu zu nutzenden ›inneren‹ Räumen umsieht. Man entdeckt solche dann in der Lebenswirklichkeit von Frauen (als »neue« oder »alte« Kolonie), in nicht voll (»reell«) subsumierten sozialen Milieus oder in Sozialbereichen, die durch Verfahren eines neoliberalen Role-Backs (»Reservearmee-Mechanismus«) und Entfremdung (»universal alienation«) wieder neu entstehen. Dem steht die Perspektive gegenüber, dass Landnahme zwar in Enteignung gemeinschaftlicher Strukturen umschlägt, aber auch Chancen für eine politische Reaktivierung von Commons bietet.

Der landnehmende Zugriff auf das Innere im Inneren

Was nun in der Studie von Zuboff vorgeführt wird, ist nichts anderes als eine neuartige Stufe landnehmerischer Erschließung eines gesellschaftlichen »Inneren« mit noch nicht streng kapitalistisch formierten Qualitäten. Es geht dabei, so hier die These, gleich potenziert um »Inneres«, nämlich um ein *Inneres im Inneren* kapitalistischer Gesellschaften. Nicht nur in den Innenräumen von Gesellschaft werden jetzt neue Rohstoffe gesucht und genutzt (wie Lutz, Dörre und Harvey argumentieren), sondern wesentlich tiefer: auch im Inneren der menschlichen *Subjekte* (als Gemeinschaft und als einzelne Personen), die in und mittels ihrer Lebensführung alltägliche Lebens-Spuren entäußern. Diese Spuren zutiefst menschlicher Existenz werden nun als neuartiger kapitalistischer Rohstoff erkannt, extrahiert und kommodifiziert sowie schließlich kapitalistisch verwertet. An diesem landnehmenden Vorgang, so die These weiter, wirken die Betroffenen als arbeitende Nutzer sogar selbst mit.

Mehr noch: Was als »Verhaltensüberschuss« beschrieben wird, geht weit über die Oberfläche menschlicher Entäußerungen hinaus. Die als neuartige Rohstoffe landgenommenen menschlichen Hinterlassenschaften sind oft und vor allem zunehmend Spuren an der körperlichen Außengrenze von Personen und schließlich *innerpersonale Lebens-Spuren*: Gesichtsausdrücke, erkennbare Gefühle und Erregungszustände, geäußerte und sogar nicht formulierte Gedanken, Glaubensvorstellungen, ethische und politische Normativitäten, Wünsche-Hoffnungen-Ängste, Körperzustände, medizinische Informationen und Krankheitssymptome, die genetische Ausstattung von Menschen mit ihren Potenzialen und Defiziten Objekt dieses neuen landnehmenden Zugriffs sind also nicht nur *geäußerte Spuren des Lebens*, sondern auch das *lebendige »Innere im Inneren« des Menschen* oder *menschliches Leben als solches*.[89]

Hier liegt die Front, an der derzeit immer heftiger um kapitalistische ›Landgewinne‹ gekämpft wird. Mit einer berühmten Formel aus der kritischen Theorie ausgedrückt, geht es damit zunehmend (oder erstmalig) auch um die *Innere Natur* der Menschen, oder in den Worten von Horkheimer/Adorno, um die »*Natur im Subjekt*« (Horkheimer/ Adorno 1969, S. 35). Mit diesem zentralen, nahezu subjektorientierten Thema der frühen Frankfurter Soziologie und Philosophie konnte man damals eher wenig anfangen. Jetzt aber ist es diese Ebene eines wirklich fundamentalen ›Inneren im Inneren‹ von Gesellschaft, die in Zeiten eines neuartigen Überwachungskapitalismus zum umkämpften Objekt profitorientierter Zugriffe wird. Bisher sind es leider nur wenige, die sich ernsthaft darum kümmern, von einem möglichen Widerstand gegen die damit einhergehenden individuellen und gesellschaftlichen Folgen ganz zu schweigen.

---

89 »Dein Leben sagt uns, was Du brauchst.« Ein besseres Beispiel für die These, dass der Überwachungskapitalismus versucht, auf das »Leben« der Nutzer zuzugreifen und Lebens-Spuren abzusaugen, kann man nicht finden als mit dieser aktuellen Werbung eines Providers für Smartphonenutzungsverträge (https://www.mobilcom-debitel.de). Der Satz ist Teil einer Video- und TV-basierten Werbekampagne des Unternehmens (siehe das Video auf Millertime Production 2019 link im Literaturverzeichnis), die signalisieren will, dass man Informationen zum gesamten »Leben« der Kunden und ihrer Angehörigen benötigt (und viele auch schon hat), damit man einen besseren Service für die Betroffenen machen kann. Was mit den damit erfassten Informationen über das »Leben« sonst noch passiert, wird nicht erwähnt.

5. Neue kapitalistische Figuren und die politische Bedeutung Alltäglicher Lebensführung – Folgerungen und Ausblicke

Mit diesem letzten Abschnitt wird in zweifacher Hinsicht die Perspektive geändert. Immer noch subjektorientiert, wird zum einen nach dem oben angedeuteten sozio-ökonomischen Fundament und Zusammenwirken der neuartigen ›Figuren‹ gefragt, allem voran der arbeitenden Nutzer. Zum Zweiten wird es explizit politisch. Thema sind Folgerungen aus der geschilderten Entwicklung und dabei insbesondere die Frage, welche Potenziale gesellschaftlichen Widerstands gegen die Extraktionsdynamik des Überwachungskapitalismus auch mit Blick auf Alltägliche Lebensführung zu finden sind.

5.1 Der arbeitende Nutzer und seine Begleiter im überwachungskapitalistischen Spiel

Da hier der arbeitende Nutzer im Zentrum des Interesses steht, soll noch einmal auf die dahinter stehende strukturelle Dynamik verwiesen werden, dass mit den aktuellen sozio-ökonomischen Veränderungen neuartige subjektivierte Entitäten für Arbeitsvermögen bzw. Arbeitskraft entstehen, die für den Wandel zentrale Funktionen haben. Sie stehen für die Herausbildung eines sich nicht nur oberflächlich in neuer ›Verkleidung‹ (vgl. Morozov 2019: »Capitalism's New Clothes«) zeigenden, sondern eines im Kern andersartigen Kapitalismus. Es geht um eine Form kapitalistischen Wirtschaftens, die zwar neu, aber weiterhin (und mehr denn je) Kapitalismus ist. Die bisherige Variante des ›klassischen‹ Kapitalismus könnte so ge-

sehen (und mit Marx gesprochen) fast schon kapitalistische »Vorgeschichte« sein, was viele Akteure in Wissenschaft, Ökonomie und
Politik noch nicht wahrhaben wollen. Die provokante Frage sei erlaubt, ob der Kapitalismus vielleicht jetzt erst ›zu sich kommt‹ oder
sich zumindest einer reineren und vollständigeren, vielleicht auch
»reelleren« Form nähert.

Mit den in der Kapitelüberschrift angesprochenen *Figuren* sind die
oben ausführlich erläuterten neuartigen ›Player‹ auf dem sozio-ökonomischen Spielfeld gemeint. An ihnen ist bemerkenswert, dass sie nicht
nur neue Merkmale aufweisen, sondern vor allem nahezu gegenläufig
zu den traditionellen (fordistischen) Spielregeln kapitalistischer Marktbeziehungen zwischen Betrieben und Lebensführung agieren. Die Abbildung weiter unten beschreibt die traditionelle Logik im Uhrzeiger-
sinn rechts- und die neue Dynamik linksläufig.

Man könnte die neuen Figuren auch als *Hybride* oder *Chimären*
bezeichnen, weil sie ein Gemenge aus Merkmalen der bisherigen Ar-
beitskraftfiguren und ungewohnten neuen Eigenschaften sind und daher nicht in die geläufigen soziologischen, wirtschaftlichen und nicht
zuletzt juristischen Modelle und Terminologien passen. Das macht sie
analytisch attraktiv und schwierig zugleich. Zudem ist die Entwicklung lästigerweise ständig im Fluss und es ist kein Ziel zu erkennen.
Wir wissen also nicht, was da auf uns zukommt – eine schöne, neue
und übersichtliche kapitalistische Welt vermutlich eher nicht. Wenden
wir uns jetzt der unten folgenden Abbildung zu (Abb. 11) und damit
den beiden sich konträr zueinander verhaltenden, vielleicht aber auch
komplementären Dynamiken mit den dabei auftretenden alten und
neuen Figuren:

– Die konventionelle (lange Zeit in erster Linie männliche) *erwerbsgerichtete Arbeitskraft* – man kann auch von der fordistischen ›Normalar-
beitskraft‹ sprechen – wurde traditionell in der privaten Sphäre von Lebensführung als allgemeines humanes Arbeitsvermögen gebildet und
regeneriert. Sie wurde dann, meist in verberuflichter Form, über Märkte für Arbeitskraft in sozial und ökonomisch mehr oder weniger re-
gulierte Betriebe zum Zwecke des Gelderwerbs integriert. Dort traf

sie dann auf andere, nicht mehr genuin marktförmige, sondern herrschaftliche kapitalistische Logiken.

Der *Arbeitskraftunternehmer* wird (als fast schon genderflexible Figur) strukturell gegenläufig schrittweise aus der konventionellen fordistischen Betriebslogik freigesetzt, selbst wenn er formell noch im Betrieb verbleibt. Seine Arbeitskraft wird verstärkt eher wieder markt- und warenförmig prozessiert, also re-kommodifiziert. Folge ist, dass nicht nur deren Reproduktion, sondern auch ihre Verausgabung zunehmend (mit verstärktem Fokus auf das allgemeine Arbeitsvermögen) wieder in die Privatsphäre als Hort des persönlichen Lebens und damit in das Regime seiner außerbetrieblichen privaten Lebensführung zurückfällt. Dieser Bereich des Lebens rahmt jetzt wieder (in neuen Formen) auch verstärkt erwerbförmiges Arbeiten in allen Dimensionen (zeitlich, räumlich usw.), zusammen mit den dort weiter beheimateten anderen Arbeitsformen (Haus-, Familien-, Erziehungsarbeit usw.). Das könnte an vorindustrielle Zeiten erinnern, ist aber doch anders.

– Mit ganz anderer struktureller Dynamik war der *traditionelle Konsument* eine (meist weibliche) Figur der fordistisch ›normalen‹ Lebensführung (auch der fordistischen ›Normalfamilie‹), die auf Warenmärkten als Käufer auftrat, um von unternehmerischen Produzenten Güter oder Dienstleistungen zu erwerben. Diese fanden dann bei der heimischen persönlichen Reproduktion von Arbeitskraft und allgemeiner von Arbeitsvermögen Verwendung und wurden dabei nach traditionell ökonomischer Sicht ›verbraucht‹.

Der *arbeitende Kunde* dagegen wird über seine Rolle als Käufer marktvermittelt als neuartige (genderbezogen zunehmend diffuse) Form in Unternehmen, meist freiwillig und wenig bewusst, manchmal aber auch gegen Widerstand, hineingezogen. Seine Funktion ist es, sich dort unter Nutzung seines persönlichen Arbeitsvermögens als unbezahlte Quasi-Arbeitskraft an der Herstellung und Vermarktung von Produkten zu beteiligen. Digitale Technologien und speziell die Social Media spielen dabei eine wichtige Rolle, sind aber strukturell nicht die entscheidende Größe. Es geht gerade auch hier um kapitalistische Ökonomie.

– Nur am Rande erwähnt sei an dieser Stelle das bisher nicht systematisch beachtete technische Arbeitsvermögen. Konventionell war dieses (nur auf den ersten Blick genderneutral) eine *apparativ-gegenständliche Entität* mit maschinisch-deterministischer, von Menschen gesteuerter Logik.

Der erst in jüngster Zeit in Erscheinung tretende *arbeitende Roboter* agiert gegenläufig dazu zunehmend selbststeuernd ›offen‹, weist subjektähnliche Eigenschaften auf und kooperiert mit menschlicher Arbeitskraft. Er wird dadurch zum Konkurrenten bei der betrieblichen Nutzung und Verwertung von Arbeitsvermögen. Jenseits klassischer Mechanik ist er datenbasiert und damit nicht mehr primär materiell gegenständlich. Mit großer Dynamik breitet sich diese Figur betrieblich und vor allem auch in der alltäglichen Lebensführung aus und vermittelt unter anderem direkt zwischen beiden Sphären – mit womöglich weitreichenden persönlichen und gesellschaftlichen Folgen.

– Der hier nun interessierende *arbeitende Nutzer* weist eine Nähe zum arbeitenden Kunden auf. Er ist aber nicht mit diesem identisch, da er keine Kaufverträge eingeht, also ›nichts kauft‹ und ›nicht bezahlt‹. Gleichwohl wird gerade auch er als Quasi-Arbeitskraft mit seinem persönlichen Arbeitsvermögen in eine strukturell veränderte kapitalistische Wertschöpfung auf Basis von unbezahlt extrahierten Lebens-Spuren hineingezogen. Er wird damit in ersten operativen Stufen durch von ihm geleistete ursprüngliche persönliche Arbeit Teil der Gewinnung und Vermarktung eines historisch neuartigen Rohstoffs. Diese Funktion erfüllt er nicht nur in den privaten Anteilen seiner Lebensführung, sondern bespielweise auch dort, wo er als betrieblich genutzte Arbeitskraft oder in öffentlichen Bereichen agiert. Digitale Technologien sind zwar auch hier nicht die entscheidenden Treiber, aber sie sind als ermöglichende oder unterstützende Faktoren für die Entwicklung dann doch praktisch sehr bedeutsam. Eine unscharfe Variante ist eine zwar faktisch mitarbeitende Figur, die aber nicht erkennen kann oder will, dass sie eine solche ist. Sie nimmt trotzdem an der neuen Wertschöpfung arbeitsähnlich teil oder muss helfend teilnehmen, oft nur teil-bewusst oder passiv: der *Passive Nutzer*.

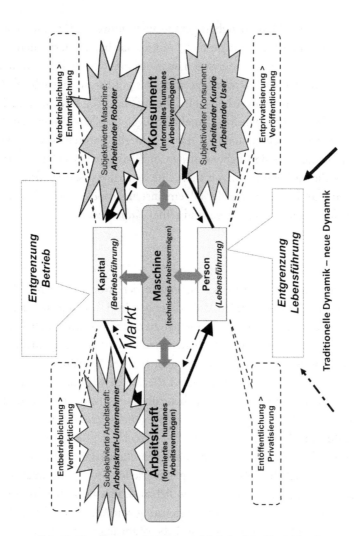

Abb. 11: Neue Figuren subjektivierter Arbeitskraft im Vergleich mit
traditionellen Formen (eigene Abbildung)[90]

90 Gezeigt werden neuartige subjektivierte ›Figuren‹ formeller Arbeitskraft bzw. informellen persönlichen Arbeitsvermögens (Arbeitskraftunternehmer, arbeitender Kunde und arbeitender Nutzer, arbeitender Roboter) in einem entgrenzten betrieblichen
und persönlichen Kontext und einer traditionalen sowie neuartigen marktvermittelten Dynamik der Wechselwirkung (eigene Abbildung, erweitert nach Voß/Rieder
2006, S. 154).

Die neuartigen Figuren stehen gerade auch deswegen für einen kapitalistischen Übergang, weil sie nicht nur als solche, sondern auch in ihren bisher eher kontrastierenden institutionalisierten Kontexten *entgrenzt* und als Folge *subjektiviert* sind. Das gilt für die Betriebe als Ort der Verausgabung von Arbeitskraft, die auf dem Weg sind zu fast schon ort- und zeitlosen sowie lose projektförmigen (»agilen«) Einheiten. Das gilt, weniger beachtet, auch für die strukturelle Entgrenzung von familienähnlichen sozialen Lebensformen und Alltäglicher Lebensführung. Hinter diesen Veränderungen steht eine neuartige gesellschaftliche Formierung und Vernutzung der allgemeinsten sozioökonomischen Figur und Kompetenz: des *Subjekts* und seiner *Subjektivität*.

Entgrenzung

»Entgrenzung« ist eine in der Soziologie der Arbeit etablierte Kategorie, mit der die strukturellen Veränderungen im Übergang zu einer posttayloristischen Arbeit und allgemeiner zu einer post-fordistischen Regulierung kapitalistischer Gesellschaften gefasst werden:[91] Entgrenzung der Produktionsform »Betrieb«, Entgrenzungen des Verhältnisses von »Arbeit und Leben«, Entgrenzung der Lebensform »Familie« und der Alltagsorganisation in Form von »Lebensführung« sowie nicht zuletzt Entgrenzungen der Tätigkeitsform erwerbsgerichteter »Arbeit« und der Qualifikationsform »Arbeitskraft«. Der subjektorientierte Blick geht gerade auch bei Letzterem von verschiedenen Dimensionen aus, wie sie im Konzept Alltägliche Lebensführung entwickelt wurden, und fragt in diesem Sinne nach den zeitlichen, räumlichen, sozialen, sinnhaften usw. Erscheinungen und Folgen einer Entgrenzung von Arbeit und Arbeitskraft. (Vgl. den Abschnitt zu Alltäglicher Lebensführung weiter unten)

Wenn hier eine sich ändernde Dynamik der marktvermittelten Nutzung von Arbeit und Arbeitskraft mit besonderem Fokus auf arbeiten-

---

91 Vgl. zum Begriff »Entgrenzung« aus der großen Zahl von Literatur beispielhaft Döhl/Kratzer/Sauer 2000 und 2001; Kratzer/Döhl/Sauer 1998; Gottschall/Voß 2005; Huchler/Voß/Weihrich 2007; Jurczyk u. a. 2009; Kratzer 2003; Minssen 2000; Sauer 2005; Voß 1989.

de Nutzer angesprochen wird, nimmt das vor allem zwei Seiten in den Blick: eine Entgrenzung der kontrastierenden Organisationsformen *Betrieb* und *Lebensführung*. So verschiedenartig diese sind, es zeigen sich zugleich ähnliche Entgrenzungen, die zu bemerkenswert komplementären Verschiebungen der jeweiligen Rolle in den Marktbeziehungen führen (vgl. auch dazu Abb. 11):

Um flexibel reagieren zu können, verwenden *Betriebe* intern in steigendem Maße Marktmechanismen und gestalten die Grenzen zum Markt offener. Folge ist auf der einen Seite die zunehmend marktvermittelte Nutzung des neuen Typus »Arbeitskraftunternehmer« und damit nicht zuletzt dessen (zumindest in Teilaspekten) tendenzielle Freisetzung. Auf der anderen Seite vollzieht sich gegenläufig eine betriebliche Integration neuer Figuren – arbeitender Kunde und arbeitender Nutzer. Der Blick auf den Arbeitskraftunternehmer verweist dabei erwartungsgemäß auf eine *Entbetrieblichung* und (wieder) stärkere *Vermarktlichung*[92] nicht nur des Betriebs, sondern insbesondere auch des Verhältnisses von Betrieben zur Arbeitskraft. Der Fokus auf Kunden und Nutzer als neuartige Arbeitskräfte von Betrieben enthüllt dagegen Mechanismen der *Verbetrieblichung* dieser bisher betriebsseitig rein marktvermittelten Figuren, die insoweit tendenziell *entmarktlicht* werden.

Auch die *Lebensführung* unterliegt angesichts gesellschaftlicher Veränderungen einer Entgrenzung. Das zeigt sich unter anderem in einer Vervielfältigung und Flexibilisierung von Formen der Lebensführung und der privaten Lebensformen, insbesondere in den geschlechtsbezogenen Tätigkeits- und Beziehungsmustern und damit verbundener Machtverhältnisse. Der Blick auf den Arbeitskraftunternehmer wiederum lässt eine Art *Entöffentlichung* und damit *Privatisierung* des Verhältnisses zur Arbeitskraft erkennen. Grund dafür ist, dass diese (trotz ihrer verstärkten Kommodifizierung und Marktvermittlung) tendenziell zumindest in Teilaspekten wieder in den Rahmen der privaten Lebensführung hineingerät. Richtet man dagegen von hier aus den Fokus auf die Kunden- und Nutzerseite, erscheinen Dynamiken einer *Entpri-

---

92 Vgl. zum Begriff der »Vermarktlichung« u.a. Kratzer 2006; Moldaschl 1997; Moldaschl/Sauer 2000; Peters/Sauer 2005.

vatisierung und *Veröffentlichung* der Konsumenten, die nun mit ihrem informell persönlichen Arbeitsvermögen tendenziell zu betrieblich vereinnahmten (Quasi-)Arbeitskräften werden.

Weiterhin sind jedoch die gewohnten ›alten‹ Dynamiken auf beiden Seiten vorhanden und wohl auch zukünftig (vielleicht auf neue Weise) hoch wirksam. Was sich ändert ist, dass sie von ungewohnten ›neuen‹ und systematisch nahezu entgegenwirkenden Dynamiken *ergänzt* oder nach und nach *überlagert* werden. Welche Perspektiven dies langfristig haben kann, ob es beispielsweise zu einer Verdrängung der alten Dynamiken kommen wird, kann bisher – zumindest kurzfristig – nicht ausgemacht werden. Unklar ist zudem, welche gesamtwirtschaftliche und wohl auch gesamtgesellschaftliche Logik sich mit den Verschiebungen herausbildet. Deutlich ist sicherlich (was angesichts der Zentraltendenz der letzten Jahrzehnte nicht überrascht) eine *größere Bedeutung von Marktvermittlung* in allen Bereichen – und dass Subjektivität bei allen genannten neuen Figuren eine größere Bedeutung bekommen: Sie werden *subjektivierte Formen von Arbeitskraft*. (Vgl. Rieder/Voß 2013)

Genau diese Entwicklung macht es erforderlich, sich zu vergegenwärtigen, was aus einer subjektorientierten Sicht mit dem namensgebenden Gegenstand, also mit Subjekt und Subjektivität, gemeint ist.

Was ist ein Subjekt? Ein Exkurs

Ein geachteter Biologe des frühen 20. Jahrhunderts hat zu dieser Frage aus der Sicht seines Fachs eine bemerkenswerte Feststellung getroffen, die heute, für manche überraschend, eine erstaunliche Relevanz bekommt: »*Das Subjekt ist der neue Naturfaktor [...]*« (hier: in der Biologie), mit dem deutlich wird, »*[...] dass ein jedes Lebewesen ein Subjekt ist*« (Uexküll 1931, Zitat aus 1956, S. 24). Damit ist das Thema gesetzt, das zumindest ein Teil der Subjektorientierten Soziologie seit einiger Zeit verfolgt: eine Ausweitung des Begriffs »Subjekt« – vergleichbar mit der Debatte um eine Erweiterung des Begriffs »Arbeit«:[93]

---

93 Vgl. zur Frage nach dem »Subjekt« in der Subjektorientierten Soziologie Voß 2017, 2018a, 2018/19; Huchler/Voß/Weihrich 2007 und 2012; Voß/Weiß 2005. Vgl. allge-

Der Begriff »Subjekt« hat eine lange philosophische Geschichte, in deren Verlauf sich seine Bedeutung mehrfach verändert hat.[94] Anfänglich auf den Menschen als einen höheren (z. B. göttlichen) Instanzen »Unterworfenen« (lat. »Subjectum«) bezogen, wird daraus spätestens mit der Renaissance die das moderne Denken bestimmende humanistische Idee eines individuell freien, primär geistigen und vernunftbegabten humanen »Subjekts«. Spannungen zwischen der Vorstellung eines auf der einen Seite »autonomen« und eines »heteronomen« Subjekts auf der anderen wie auch die immer wieder kontroverse Frage, welchen Wesen man bereit ist, Subjektivität zuzugestehen, durchziehen die Geistesgeschichte jedoch bis heute.

Mit den aktuellen technischen Veränderungen, aber auch aufgrund der zunehmenden Bedeutung ökologischer Fragen sich verändernden Wahrnehmung nicht-menschlicher Lebewesen[95], beginnt eine Diskussion zur Öffnung des Begriffs »Subjekt«, auch in der Subjektorientierten Soziologie. Es wird dabei deutlich, dass der für Subjekte systematische Konflikt zwischen Freiheit und Fremdbestimmung nicht nur bei humanen Wesen zu finden ist und gerade auch bei Menschen sehr verschiedenartige Formen annehmen kann.

In diesem Sinne können *Subjekte* allgemein verstanden werden als körperlich geschlossene lebendige Wesen unterschiedlicher Form, die verschiedenartig und in unterschiedlichem Maße über *Subjektivität* als zentralem Merkmal verfügen. Subjektivität ist ein Bündel von Eigenschaften und damit auch von Kompetenzen etwa folgender Art: Be-

---

mein zu einer offenen Sicht auf das Thema »Subjekt« Negt/Kluge 1981 und aktuell Kaeser 2015. Vgl. auch das Thema »Lebenskraft« als Erweiterung der Frage nach der »Arbeitskraft« und ihrer Subjektivität bei Jürgens 2006.

94 Vgl. zur Geschichte des Begriffs »Subjekt« in der Philosophie Kible 1998; siehe auch Daniel 1981; Frank 2012; Keupp 2006; Reckwitz 2008.

95 Vgl. zum Beispiel die Initiative des EU-Parlaments zu der auch in Teilen der Informatik bzw. Robotik diskutierten Frage, inwieweit Robotern ein juristischer Status als »elektronische Person« eingeräumt werden sollte (vgl. EU-Parlament 2017) oder die Entscheidung eines obersten argentinischen Gerichts im Sommer 2019, den Orang Utan »Sarah« als »nicht menschliche Person« mit weitreichenden Persönlichkeitsrechten anzuerkennen, aus einem Zoo zu entlassen und einer offenen Einrichtung für humanoide Affen zu übergeben.

grenzte Freiheitsgrade zur praktischen selbständigen Tätigkeit und mehr oder weniger weitgehenden Zielorientierung; pragmatische Bewältigung der Konflikte zwischen Autonomie und Heteronomie; soziale Beziehungen und Kooperation; austauschende (»Metabolismus«), wirkende und anpassende Bezugnahmen auf eine Welt im jeweiligen ›Außen‹; sensuelle und allgemein mentale Fähigkeiten; zumindest ansatzweiser Gebrauch von Hilfsmitteln; lebenserhaltende Impulse (»Lebenskräfte«) angesichts eines unausweichlichen Endes biologischer Existenz (»Tod« als Merkmal von Leben), auch zur phylogenetischen Reproduktion des Einzelwesens sowie der jeweiligen Art u. a. m.

Humane Subjekte verfügen gleichermaßen über Subjektivität in diesem Sinne und darüber hinausgehend in ausgeprägterer und/oder spezifischerer Weise über:

- hoch entwickelte allgemeine *mentale* und (spezifischer gesehen) *kognitive Fähigkeiten*; mit komplexen Möglichkeiten zum *Selbstbewusstsein*;
- eine verstandesgesteuerte Fähigkeit zur situativ praktischen *Orientierung an partiellen Zielen* und (mehr oder weniger ausgeprägt) die Möglichkeit, vernunftbasiert situationsübergreifend *allgemeine Werte und Zwecke* eigensinnig zu setzen und zu verfolgen;
- *eine komplexe Sozialität* unterschiedlicher Reichweite bis hin zur Bildung von Gesellschaften, Staaten und Organisationen;
- flexible sich entwickelnde Fähigkeiten zur aktiv austauschenden *Anpassung an Umweltbedingungen* wie zugleich
- eine mehr oder weniger weitgehende *praktische Anpassung der Umwelt* an Lebenserfordernisse des Menschen;
- geistig und/oder symbolisch fundierte *Kulturerscheinungen*;
- differenzierte Kompetenzen zur Entwicklung und Nutzung *technischer Mittel* im weitesten Sinne;[96]

---

96 Die in diesem Text wichtige Thematik der Verwendung von Technik macht umso mehr Sinn, je stärker anthropologisch deutlich wird, dass Technik nicht nur (wie von vielen Denkern in unterschiedlicher Weise schon lange betont wird, etwa Marx) eine rein instrumentelle Funktion zur Erweiterung menschlicher Möglichkeit als »Mittel« für die Verfolgung von menschlich gesetzten »Zwecken« hat und damit, in welcher Weise auch immer, reines »Werkzeug« ist, sondern sich historisch zunehmend verselbständigt und dabei immer stärker selbst Zwecke setzt, die den Mensch zu un-

Mit all dem (und manchem anderen) öffnet und erweitert sich, anthropologisch gesehen, schrittweise insgesamt der Möglichkeitsraum menschlicher Subjektivität. Dass daraus auch kurz- und langfristig erhebliche Risiken für den Menschen als Spezies erwachsen, ist demgegenüber erstaunlicherweise eine erst in jüngster Zeit nach und nach akzeptierte Erkenntnis. Eine ebenfalls nur zögerlich wissenschaftlich und öffentlich akzeptierte Einsicht ist, dass auch viele Tierarten und zum Teil auch Pflanzen auf markante Weise über Merkmale der geschilderten Art verfügen: Sozialformen nicht nur bei höher entwickelten Tieren, sich in Gesellungsformen organisierende Pflanzenarten, Herstellung, Verwendung und sogar auf spezifische Weise soziale Tradierung von Werkzeugen und gemeinsame kulturelle Symboliken und andere mehr. Als Eigenschaften, die eine evolutionäre Sonderstellung der Spezies Mensch begründen könnten (»differentia specifica«), eignen sich solche Aspekte weniger denn je.

Um die schillernde Vielgestaltigkeit möglicher humaner Subjektivität einzugrenzen, kann eine analytische (und damit notwendig vereinfachende) Unterscheidung zweier Aspekte oder Ebenen hilfreich sei. Es findet sich dann auf der einen Seite eine naturnah lebendige »ursprüngliche« oder »einfache Subjektivität«, mit der »Fähigkeit, gegebenen Bedingungen der Existenz mit begrenzter [...] Intentionalität und Bewusstheit eine mehr oder weniger praktische Aktivität entgegenzusetzen«. Auf der anderen Seite gibt es die kulturell meist vorrangig betonte »reflexive Subjektivität«, das heißt die menschliche Fähigkeit zur

---

terwerfen beginnen. (Vgl. aktuell Neuffer 2019) Dabei ist eine mehr denn je bedeutende (und keineswegs neue) Frage, ob solches rein technologisch oder – wie hier die zentrale Feststellung – zumindest indirekt ökonomisch zu begründen ist. Gerade mit dieser Fokussierung (bei beiden Begründungen, aber mit unterschiedlichen Konsequenzen) ist es wichtig, auf einem auch funktionalen Verständnis von Technik zu bestehen, um davon neue Qualitäten und Gefahren einer sich verselbständigenden Technik kulturell und vor allem politisch absetzen zu können. Es steht mehr denn je die alte Thematik im Raum, inwieweit der Mensch nicht allein ein im engeren Sinn subjektiv personenbezogen tätiges Wesen ist, sondern zugleich eine das eigene Selbst mit Hilfsmitteln überschreitende und damit systematisch erweiternde *subjektiv-technische* Entität – was aber auch als solches nicht allein für ihn gilt, sondern mehr oder weniger weitreichend auch manch anderen Lebewesen gegeben ist.

»bewusste[n] Selbstbestimmung in relativer Freiheit gegenüber gegebenen Bedingungen«, die auch mit der Möglichkeit zu reflektiertem
aktivem »Widerstand und systematischer Gegenwehr« sowie bewus-
tem »Eigensinn« einhergeht (Huchler/Voß/Weihrich 2007, S. 100 f.).
Menschliche Subjektivität ist immer beides – körperlich-naturnah
(»ursprünglich«) und geistig-kulturell geprägt. Sie ist also immer auch
mit einer naturbasierten »Lebendigkeit« verbunden.

Andere nicht im engeren Sinne lebendige Wesen (etwa neuartige
technische Entitäten) können subjektive Eigenschaften der genannten
Art bekommen, damit subjekt-ähnlich werden und so (in Übertragung
eines anderen traditionellen Begriffs) auch einer Art »Subjektivierung«
unterliegen. Auf diese Weise können sie lebendigen (menschlichen)
Subjekten auf neuartige Weise gegenübertreten und diesen potenziell
sogar partiell (!) überlegen sein.

Für humane Subjekte mit ihrer spezifischen Subjektivität entsteht
daraus (historisch erneut) die anthropologische Grundfrage, wer sie ›eigentlich‹ sind. Sie sind herausgefordert, sich als genuin menschliche
Subjekte unter Rekurs auf ihre ursprünglichen und dabei insbesondere naturhaften Anteile neu zu ›erfinden‹. »Robotisierte« Entitäten (wie
hier die vielfältigen neuartigen Technologien auf Basis von KI-Syste-
men allgemein genannt werden, bei denen humanoide »Roboter« nur
eine spezifische Form sind) stellen, so gesehen, eine neue Herausforderung für den Menschen als Spezies dar, aber auch für die sich damit be-
schäftigenden Wissenschaften.[97]

Die gerade jetzt (mit neuen Perspektiven) erforderliche Stärkung
der Naturbasis des Menschen wird teilweise schon ernstgenommen,
stößt aber auch auf große Widerstände. Dass die Thematik hoch am-
bivalent ist und beispielsweise politisch missbraucht werden kann, darf
nicht übersehen werden. Die Erinnerung daran, dass menschliche Subjekte nicht nur »soziale« Wesen, sondern auch »lebendige Naturwesen«

---

97 Vgl. ausführlicher dazu Voß 2018b. Zu der damit indirekt angesprochenen Frage
    nach der evolutionären Zukunft des Humanen im Zuge aktueller technologischer
    Veränderungen im Sinne der Debatte um Post- bzw. Transhumanismus vgl. als hilf-
    reiche Übersichten Loh 2018 sowie Herbrechter 2012; mit spezifischer Perspektive
    u. a. Braidotti 2014 und Braidotti/Hlavajova sowie Bostrom 2018; Tegmark 2017.

sind, hat (wie immer man das einschätzen mag) wichtige geistesgeschichtliche Fundierungen[98], nicht zuletzt bei einem bedeuten Klassiker, an den bei diesem Thema nicht immer gedacht wird – schon gar nicht an die Klarheit, wie er sich dabei ausdrückt:

»Der Mensch ist unmittelbar Naturwesen. Als Naturwesen und als lebendiges Naturwesen ist er, teils mit natürlichen Kräften, mit Lebenskräften ausgerüstet, ein tätiges Naturwesen: diese Kräfte existieren in ihm als Anlage und Fähigkeiten, als Triebe; teils ist er als natürliches, leibliches, sinnliches, gegenständliches Wesen, ein leidendes, bedingtes und beschränktes Wesen, wie es auch das Tier ist und die Pflanze«. (Marx, 1981 [1848/1932], S. 578)

Subjektivierung, Subjektivität

Wie auch an anderen Stellen der aktuellen Debatte beschrieben, bedeutet eine *Subjektivierung*[99] auf nahezu widersprüchliche Weise zweierlei: Auf der einen Seite vollzieht sich eine historisch zunehmende gesellschaftliche und individuelle Freisetzung von Menschen im Sinne neuartiger Autonomien und Kompetenzen. Auf der anderen Seite wird es immer wichtiger und gleichzeitig komplizierter, als Person erfolgreich »Subjekt« zu sein, was neue Formen der gesellschaftlichen Entfremdung und Unterwerfung mit neuartigen Belastungen mit sich bringt. Der für das Thema maßgebliche Michel Foucault bringt das mit folgenden, viel beachteten Sätzen auf den Punkt:

---

98 An dieser Stelle soll noch einmal an die oben schon (Abschn. 1.3) angesprochene Rolle des »Psychischen Systems« in der Systemtheorie erinnert werden, das genau in seiner Eigenschaft als außergesellschaftlicher und auf »Leben« beruhender »Organismus« für Gesellschaft zentrale Funktionen erfüllt – wie auch umgekehrt. (vgl. sowohl Luhmann 1984 wie auch Parsons, vor allem 1975)

99 Vgl. zum Begriff »Subjektivierung« in der arbeitssoziologischen Diskussion u. a. Arbeitsgruppe SubAro 2005; Drinkhuth 2017; Huchler/Voß/Weihrich 2007, 2012; Kleemann/Matuschek/Voß 2003; Moldaschl/Voß 2003; Lohr/Nickel 2005; Lohr 2017; Voß 2007; 2010; Voß/Weiß 2005. Siehe allgemein mit einer an Foucault angelehnten Perspektive auch Bröckling 2007; Moldaschl 2003 und natürlich Foucault selbst, v. a. 2007 und 2009.

Subjektivität (und damit der historische Prozess der Subjektivierung) ist eine »Machtform«; sie »verwandelt Individuen in Subjekte. Das Wort ›Subjekt‹ hat zwei Bedeutungen: Es bezeichnet das Subjekt, das der Herrschaft eines anderen unterworfen ist und in seiner Abhängigkeit steht; und es bezeichnet das Subjekt, das durch Bewusstsein und Selbsterkenntnis an seine eigene Identität gebunden ist. In beiden Fällen suggeriert das Wort eine Form von Macht, die unterjocht und unterwirft.« (Foucault 2007 [zuerst 1982], S. 86).

Genau so stellen sich die Veränderungen der sozioökonomischen Dynamik für die neuen Figuren von Arbeitskraft dar. Sie müssen nicht nur auf jeweils neue Weise in den marktvermittelten Verhältnissen agieren, sondern dabei auch auf neuartig widersprüchliche Weise »Subjekt« werden und dazu neue Eigenschaften ausbilden.

Subjekt-Sein stellte schon immer verschiedene Arten von Anforderungen, je nachdem, ob man formelle Arbeitskraft, Konsument oder Familienmensch war. Arbeitskraftunternehmer, arbeitende Kunden und jetzt arbeitende Nutzer sowie nicht zuletzt auch arbeitende Roboter brauchen ein neues Selbst- und Fremdverständnis davon, was für sie »*Subjektivität*« bedeutet. Das ist gemeint, wenn davon gesprochen wird, dass die neuen Figuren (jede auf ihre Weise) subjektivierte Formen von Arbeitskraft werden. Grundlage dafür ist einerseits gesellschaftlicher (markvermittelter) Zwang – andererseits aber auch eigensinnige Aktivität, so dass die Veränderung zugleich *Selbst-Subjektivierung* ist.

Die Subjektivität des Arbeitskraftunternehmers unterscheidet sich in vielen Aspekten von der des arbeitenden Kunden und Nutzers (die passiven Nutzer blenden wir hier aus) und erst recht von der des arbeitenden Roboters. Das sagt sich leicht, ist aber im Detail jeweils kompliziert. Es ist auch deswegen nicht einfach, weil konkrete Personen oft (und im Zuge der geschilderten Dynamik zunehmend) mehrere Funktionen in sich vereinen: Sie sind Arbeitskraftunternehmer, arbeitende Kunden, arbeitende Nutzer (und passive Nutzer), nicht immer gleichzeitig (was auch vorkommt), aber strukturell. Ob sie irgendwie und irgendwann zugleich auch noch »arbeitende Roboter« sein können, bleibt eine spannende Frage. Wer gerne Science-Fiction-Romane und -Filme konsumiert, kann sich dort anregen lassen.[100] Wenn man sich die aktuellste Entwicklung beispielsweise im Hinblick auf eine Inkorporierung robotisierter Techniksysteme vor Augen hält (etwa in der Medizin), kann man den Eindruck bekommen, dass hier noch einiges auf uns zukommt.

Das Thema »Subjektivierung« hat Foucault (sicherlich nicht mit Blick auf robotisierte Technik, aber durchaus schon in Erwartung einer später »Unternehmerisches Selbst« genannten Subjektform) schon früh eindringlich mit spezifischer Perspektive ausgearbeitet. (Vgl. Foucault u. a. 2007, 2009, 2017; s. a. Bröckling 2007) Es prägt unterschwellig auch die gesamte subjektorientierte Forschung. Festzuhalten ist an dieser Stelle ergänzend, dass sich neben Anforderungen an eine jeweils neuartige Subjektivität auch figurenübergreifend ein *neuer Modus des gesellschaftlichen Subjekt-Seins* am Horizont der Geschichte abzeichnet – eine Entwicklung, von der wir bisher nur wenig begreifen. Einige Andeutungen dazu sollen hier aufgrund der Nähe zum Thema des Textes dennoch gemacht werden.

Zum einen: Es geht nicht mehr nur um ›äußere‹ Merkmale von Subjektivität. Die gesellschaftlichen und damit vor allem auch die kapitalistischen (insbesondere überwachungskapitalistischen) Anforderungen ergreifen vielmehr die *Menschen insgesamt*. (Vgl. u. a. Voß/Weiß 2005, 2013) Sie werden in ihrem ganzen gesellschaftlichen Sein, also nicht nur als formell Arbeitende, sondern auch in allen anderen Rollen und Funktionen, strukturell ökonomischen Zielen unterworfen. Wenn Harvey diese Entwicklung als »universal alienation« bezeichnet, ist das völlig berechtigt (Harvey 2018a und b).

Außerdem zeichnet sich ab, dass Menschen in der Gesamtheit ihrer *körperlich-naturhaften Existenzweise* ergriffen, zugerichtet und vernutzt werden. Dieser Schritt ist nicht nur jeweils persönlich, sondern gesamtgesellschaftlich von großer Tragweite, geht es damit doch um

---

100 Neben den bekannten Filmen zum Thema, wie etwa schon früh »Metropolis« 1927 sowie später »A Space Odysse« 1968 und dann »Blade Rrunner« 1982 (mit dem Folgefilm »Blade Runner 2048« 2017), »Matrix« 1999, »AI« 2001, »Her« 2013 und »Ex Machina« 2014 können auch einige Roman von Interesse sein, aktuell etwa Walker »Germany 2014« 2017 und McEwan »Maschinen wie ich« 2019.

uns als »Gattungswesen« und (mehr noch) »lebendiges Naturwesen« (Marx, 1985 [1844/1932], S. 574 und S. 578). Foucault hat schon früh in eindringlichen Analysen von »Biopolitik« oder »Biomacht« gesprochen. Zwar ging es ihm dabei um gesamtgesellschaftliche Zurichtungen der Körper von Menschen (vgl. Foucault 2004b),[101] aber er war nah dran an dem, was hier im Zentrum steht: der Zugriff auf die jeweilige ganz persönliche Körperlichkeit und die körperliche Dimension von Lebensführung.

Gesamtgesellschaftliche Dynamiken

Die beschriebenen, auf das Subjekt gerichteten Entwicklungen im Überwachungskapitalismus sind eine Form von vielleicht (noch) nicht totaler, aber dann doch »in letzter Instanz« (vgl. Engels 1968 [1894]) *kapitalistischer Landnahme* des Innersten im Inneren von Gesellschaft. Dass insbesondere mit der Hilfe arbeitender Nutzer landnehmend ein fundamental neuer Rohstoff für profitorientierte Ziele erschlossen wird und sich damit eine veränderte Logik kapitalistischer Reproduktion abzeichnet, wurde oben mit Zuboff (und eigenen Ergänzungen) ausreichend erläutert. Dahinter steckt aber noch mehr. Zwei Aspekte sollen dazu genannt werden:

Die geschilderte Entwicklung ist auf der einen Seite Teil einer langfristigen Dynamik, mit der sich der Kapitalismus an verschiedensten Stellen nach und nach *Qualitäten und Formen von Arbeit* und damit gesellschaftlicher *Produktivität* erschließt, die bis dahin von einer offenen und systematischen Nutzung und Verwertung eher ausgeschlossen waren. Sie waren mehrheitlich in der Privatsphäre eingehegt oder führten eine gesellschaftliches ›Nischendasein‹ und waren damit zwar verborgen und gesellschaftlich marginalisiert, aber auch faktisch gegen gezielte Zugriffe eher geschützt. So erklären sich auch die schon oben angedeuteten zum Teil heftigen Konflikte, wenn es um eine Erweiterung des lange Zeit rein erwerbsbezogen und damit traditionell öko-

---

101 Vgl. zu »Biomacht« auch Lemke 2007a, 2007b; Folkers/Lemke 2014; kurz auch Hardt/Negri in 2002, S. 372.

nomisch verstandenen Begriffs »Arbeit« geht, gerade auch in der Soziologie – etwa wenn persönliche Tätigkeiten in der Privatsphäre nun zu »Arbeit« erklärt werden (vgl. Voß 2018b). Bis in die letzten Winkel von Lebensführung hinein erhalten inzwischen immer mehr Tätigkeiten objektiv Arbeits-Charakter (auch die Haus- und Sorgearbeit oder die Konstruktion und Erhaltung von Lebensführung, die zur »Arbeit des Alltags« wird, vgl. Jurczyk/Rerrich 1993), oder ihnen wird im Zuge kultureller Umorientierungen offensiv das Merkmal »Arbeit« zugeschrieben. Immer mehr persönliche Tätigkeiten dienen zugleich, zumindest indirekt, der ökonomischen Sicherung, werden also in zunehmend ausdifferenzierter Weise faktisch Erwerbs-Arbeit – auch in außerbetrieblichen Zusammenhängen, zum Beispiel wenn jemand als Click-Worker tätig ist (oft als »Multiple Jobholder«). All das ist Landnahme. Sie könnte als eine Renaissance der antiken Haushaltsführung (bei Aristoteles die »Oikonomia« vs. eine geldorientierte »Chrematistik«, vgl. Aristoteles 1994, Buch 1) oder als ambivalente Rehabilitierung der bürgerlichen und bis heute weiblich konnotierten Hauswirtschaft in der Privatsphäre (vgl. u. a. Häußler u. a. 2018) aufgefasst werden und damit als rückwärtsgewandte Spezialentwicklung. Beides trifft so nicht zu. Was vielmehr jetzt geschieht ist ein historisch neuartiger, landnehmender kapitalistischer Zugriff auf verwertungsökonomisch bisher nicht erschlossene Sphären alltäglicher persönlicher Arbeit und Produktivität, wo und wie auch immer. Das schließt nicht aus, dass bei allen langfristigen Änderungen aktuell zugleich die gesellschaftliche und persönliche Bedeutsamkeit der faktisch immer vorhandenen, aber historisch marginalisierten Sphären einer nicht kapitalistischen Ökonomie im Alltag (der ›Everday Economics‹) neu erkannt und vielleicht sogar politisch aufgewertet werden.

Auf der anderen Seite geht es komplementär dazu (und vermutlich bedeutsamer) um die landnehmende gesellschaftliche Erschließung oder Schaffung von neuen Arbeitsentitäten, also bisher nicht systematisch genutzte (oder vorhandene) *gesellschaftliche Träger und Anwender von Arbeitsvermögen*. Der Arbeitskraftunternehmer, der arbeitende Roboter, der arbeitende Kunde, der arbeitende Nutzer und auch der im Überwachungskapitalismus als Hilfskraft höchst bedeutsame

Passive Nutzer sind neue Arbeitskrafttypen – für einen sich jetzt erst in ganzer Breite und Tiefe auch genau darauf begründet wirklich zeigenden – »Neuen Kapitalismus«, der weit über das hinaus geht, was Zuboff im Auge hat.[102] Ein Merkmal dieser Entwicklung ist auch, dass nicht nur Betriebe und die Alltägliche Lebensführung entgrenzt und auf neue Weise in verwertungsökonomische Kreisläufe einbezogen werden, sondern alle fundamentalen ökonomischen und/oder politischen Funktionen in der Gesellschaft und der dazu gehörenden Figuren. Das reicht vom Ehrenamt, bürgerschaftlichem Engagement und freiwilliger Selbst-Hilfe über öffentliche, mandatäre und politische Funktionen bis zu Do-it-yourself-, Eigen- und Schattenarbeit sowie dem vielfach immer noch gehypten Shareworking. Man muss gerade auch hier die Frage stellen, ob sich dahinter nicht (oft neoliberal verbrämt) eine weitere Stufe universeller kapitalistischer Expansion und letztlich ein imperial immer unbegrenzterer ausbeuterischer Übergriff des Kapitals auf nun wirklich alle Sphären des Inneren der Gesellschaft verbirgt. Dann wäre auch das eine landnehmende Unterwerfung reinster Form, die sich aber fast heimlich, wenn nicht gar gezielt verschleiert vollzieht. Vielleicht verläuft diese Art von Landnahme deswegen so widerstandslos ab, weil wir alle seit Langem durch die ständigen ideologischen Rechtfertigungen des Neoliberalismus daran gewöhnt wurden, weithin ›freiwillig‹ mit anzupacken – oft für Zwecke, die genau besehen eben nicht unsere sind, sondern fremden Interessen entspringen (z. B. Einsparung von ›Kosten‹ oder kapitalistische Verwertungen öffentlicher Versorgungsgüter, z. B. bei der Abfallentsorgung, die zur »Abfallwirtschaft« in »Public-Private-Partnership« wird).[103] So gesehen hält man die hier thematisierte Logik des Überwachungskapitalismus

---

102 Dass Richard Sennett schon vor der Jahrhundertwende einen »Neuen Kapitalismus« bezogen auf erste Anzeichen soziökonomischer Veränderungen zu erkennen glaubte (vgl. 1998, 2005), kann man versehen – die Verhältnisse waren noch nicht soweit und Digitalisierung war ohnehin nicht sein Thema (aber sehr wohl der Verlust handwerklicher Expertise und unmittelbarer Kooperation, vgl. Sennett 2008 und 2014).

103 Zuboff hat mit Blick auf ihren Gegenstand ausdrücklich ihre Empörung über den Neoliberalismus als »schützendes Biotop« für die aufstrebenden Überwachungskapitalisten geäußert (Zuboff 1918, S. 133 ff.).

vielleicht auch nur für eine neuartige kapitalistische Volte, die momentan beunruhigt, aber bald schon wieder vergessen oder ›normalisiert‹ sein wird (während Zuboffs Buch, zusammen mit diesem Text, im Regal verstaubt). Diese Haltung ist gefährlich, denn die Entwicklung ist wesentlich tiefergehend als viele wahrhaben wollen. Uns droht, dass auch die letzten noch nicht ökonomisch zugerichteten lebensnotwendigen Poren von uns als Person und dann unseres Gemeinwesens direkt oder indirekt kapitalistisch geschlossen werden – wenn sich nicht doch irgendwo Widerstand erhebt. Fragt sich nur: durch wen, wo und wie?

5.2 Lebensführung als umkämpftes Terrain und als Plattform für Widerstand

Der Rückblick auf die Landnahme-Diskussion zeigte die lange Geschichte des bis heute fast immer mehr oder weniger räuberischen kapitalistischen Kampfs um neue Ressourcen. Es war vor allem ein Kampf um Territorien (nah und fern), spezifische Rohstoffe (von Eisen, Silber und Gold über Gewürze und Salpeter bis aktuell zu Coltan, Lithium, Mangan-Kobalt-Knollen und Methangranulat), Arbeitskräftegruppen (z. B. Sklaven oder hausfrauisierte weibliche Personen in nicht entwickelten Ländern) und dann im Gegenzug um Absatzmärkte. Landnahme war immer ein Kampf weltweit und innerhalb von Gesellschaften (als »Innere Landnahme«), bis zu der hier postulierten Landnahme im »Inneren des Inneren« von Gesellschaft, das heißt der Subjekte und ihrer Natur. Es sollte deutlich geworden sein, dass es eine Illusion ist zu glauben, landnehmende Vorgänge gehörten der Vergangenheit an, weil sie durch zivilisierende Eingriffe und rechtliche Begrenzungen weitgehend eingehegt worden seien. Die Analysen zum Überwachungskapitalismus werfen da ein völlig anderes Licht auf landnehmende Praktiken und vor allem auf ihre verstörende Aktualität.

Dass damit an Entwicklungen gerührt wird, die gegenwärtig vielen Akteuren in Wirtschaft und Politik derart unangenehm sind, dass sie oft nicht einmal darüber reden wollen, zeigen zwei Phänomene:

Land Grabbing und Ocean Grabbing (manchmal auch »See Grabbing« genannt).[104] Es geht dabei um weltweite Versuche globaler Akteure, landwirtschaftliche, bergbauerische und auch maritime Gebiete zu möglichst günstigen Bedingungen, mit langjähriger Bindung und ohne politische Behinderung als Claims in Beschlag zu nehmen, um die Gebiete so weit wie irgend möglich und in diesen Fällen sogar völlig unverschleiert profitorientiert auszusaugen. Meist sind es Unternehmen der Foodindustrie und des Energiesektors, die dabei in jeder Hinsicht skrupellos mit langfristigen Strategien vorgehen – und nicht nur weltweit immense menschliche Tragödien in Kauf nehmen, sondern ohne zu zögern auch das Weltklima gefährden.[105] Die Logik der in diesem Text behandelten extraktiven Phänomene ist sehr ähnlich, nur der angelegte Fokus ist ein anderer: Es geht genau genommen um *Life Grabbing* – um den Zugriff auf das Leben von Menschen auf unserem Planeten allgemein sowie ganz unmittelbar um das Leben von jedem Einzelnen in seiner je persönlichen Lebensführung.

Der Blick auf Lebensführung macht es möglich, noch genauer als bisher zu betrachten, was die Risiken dieser neuartigen Strategien zur Extraktion eines neuen Rohstoffs letztlich sind.

Dazu soll noch einmal ins Gedächtnis gerufen werden, was mit »Alltäglicher Lebensführung« gemeint ist.

Alltägliche Lebensführung – ein subjektorientiertes Konzept

In einer Art Kurzformel kann das mit »Alltägliche Lebensführung« bezeichnete Phänomen bestimmt werden als »das ganz konkrete alltägli-

---

104 Vgl. zu Land Grabbing aktuell etwa Brunner u. a. 2019; Goetz 2019, zu Ocean Grabbing Bennet/Govan/Satterfiled 2015.

105 Das ist eines der zentralen Themen des Schweizer Soziologen Jean Ziegler, der als ehemaliger UNO-Sonderbotschafter für Probleme des weltweiten Hungers seit Jahren einen mühevollen und zunehmend verzweifelten scharf antikapitalistischen Kampf führt, z. B. gegen Nestlé (vgl. etwa aktuell Ziegler 2019, auch Ziegler 2015 u. v. a. m.). Dass das auf gewisse Art auch Thema einer gleichfalls engagierten und öffentlich stark beachteten Person aus Schweden ist, wird langsam breiter registriert. Bücher schreibt sie keine (vgl. aber Thunberg 2019) – dafür ist sie aber weltweit in eindringlicher Weise als Aktivistin präsent.

che Tun in den unterschiedlichen Lebensbereichen und die Methoden, wie es organisiert wird.« (Jurczyk/Rerrich 1993). Damit sind im Einzelnen folgende Merkmale angesprochen:[106]

– *Tätigkeitszusammenhang.* Alltägliche Lebensführung ist die Rahmung aller Tätigkeiten von Personen in den für sie relevanten Gesellschaftsbereichen, öffentlich wie privat (Erwerbsarbeit, Haus- und Familienarbeit, Freundschaft/Verwandtschaft, Konsum und Freizeit/Erholung, Gesundheit/Hygiene/Wohnung/Intimsphäre, Bildung/Politik/Ehrenamt u. a. m.), die damit zu den Lebensbereichen der Menschen werden. Obwohl sinnhafte Deutungen dabei eine wichtige Funktion erfüllen, wird Lebensführung nicht als Sinnkonstruktion und auch nicht als Basis individualkultureller Stilisierung des Lebens mit dem Ziel sozialer Distinktion definiert, sondern primär als Praxis. Die Alltägliche Lebensführung konstituiert sich dabei über ein Spektrum von »Dimensionen« der Steuerung von Tätigkeiten, die einzeln, aber insbesondere auch in ihrem Zusammenwirken beachtet werden müssen: Zeit (wann, wie lange, welche Zeitlogik usw.); Raum (wo ist man tätig, wie bewegt man sich zwischen Räumen, mit welchen Mobilitätsmitteln usw.); Sachlichkeit (was wird konkret mit welchen Zielen getan usw.); Sozialität i. e. S. (mit wem wird etwas wie getan, mit welcher Arbeitsteilung usw.); Sinn (mit welchen Deutungen ist man aktiv); Medium, auch Technik (mit welchen Hilfsmitteln wird gehandelt und wie wirken sie); Fähigkeit, auch Qualifikation und Beruf (was muss man können und wie erwirbt man das); Befinden, auch Emotion (wie empfindet man sich und seine Tätigkeiten; welche Belastungen entstehen daraus usw.); Körper, auch Gender (welche Körper- und speziell Geschlechtsidentitäten prägen die Tätigkeiten).
– *Zusammenhang der Alltagstätigkeiten.* Obwohl alle Tätigkeiten des Alltags in den Blick genommen werden, interessiert nicht die pure Summe oder Abfolge der verschiedenen Aktivitäten. Als Alltägliche Le-

106 Vgl. zum Konzept der Alltäglichen Lebensführung u. a. Behringer 1998; Dunkel 1994; Jurczyk/Rerrich 1993; Jurczyk/Voß/Weihrich 2016; Kudera/Voß 2000; Projektgruppe 1995; Voß 1991, 1989; Voß/Weihrich 2000; Weihrich 1998; Weihrich/ Voß 2002; vgl. aus externer Sicht mit anderen Betonungen u. a. Holzkamp 1995, 1996; Klinger 2016. Vgl. speziell zu den Dimensionen von Lebensführung zuerst Voß 1991, S. 261 ff.; dann auch Voß 1995, S. 33 und Jurczyk/Voß/Weihrich 2016, S. 67 f.

bensführung wird vielmehr die Struktur der persönlichen Aktivitäten definiert, die alltäglich zu einem Leben dazugehören. Es geht um den Zusammenhang des alltäglichen praktischen Lebens und dessen Formen und nicht um die Fülle der Elemente.

– *Handlungs-System der Person.* Der Zusammenhang der Alltagstätigkeiten kann als Handlungs-System verstanden werden. Basale Funktion des Systems Alltägliche Lebensführung ist die integrative Vermittlung unterschiedlicher Tätigkeiten. Personen beziehen sich auf ihre Umwelt nicht nur durch isolierte Einzeltätigkeit, sondern mehr noch über Tätigkeiten im Rahmen eines funktional differenzierten und integrierten alltäglichen Handlungs-Systems. Die Einzeltätigkeiten bekommen dadurch eine höhere Wirksamkeit, und das Leben insgesamt erhält erweiterte Freiheitsgrade.

– *Konstruktion und Leistung der Person.* Man hat nicht einfach eine Lebensführung, und sie ist auch kein passiver Reflex auf soziale Bedingungen. Alltägliche Lebensführung ist ein System, das jede Person in Auseinandersetzung mit ihren Lebensbedingungen und ihrer jeweiligen sozialen Situation aktiv konstruiert, alltäglich praktiziert und erhält, sowie gegebenenfalls an sich ändernde Bedingungen anpasst. Die Personen »führen« ihr Leben. Die Alltägliche Lebensführung ist also kein starres Gerüst, sondern ein Verfahren, das aber durchaus stabil sein kann.

– *Eigenlogik des Systems.* Die alltägliche Lebensführung ist immer nur teilweise Ergebnis bewusster Gestaltung und immer auch Folge situativer Entscheidungen oder Arrangements. Lebensführung bekommt gegenüber ihren Produzenten eine funktionale wie strukturelle Eigenständigkeit. Diese resultiert daraus, dass eine Lebensführung, ist sie einmal eingerichtet, nicht mehr beliebig von der Person geändert werden kann, da sie auf vielfältigen verbindlichen Arrangements mit sozialen Bezugsbereichen und Akteuren beruht. Die Person steht dadurch unter dem Regime der von ihr selbst eingerichteten Tätigkeitsregulierungen.

– *Nicht-deterministische Vergesellschaftung.* So sehr die individuelle Konstruiertheit Alltäglicher Lebensführung betont wird, so wenig wird damit unterschlagen, dass man in soziale Zusammenhänge eingebunden ist und Lebensführung dadurch in systematischer Weise vergesellschaftet ist. Die objektiven Verhältnisse in den sozialen Bezugsbereichen der Person stellen mehr oder minder unübergehbare Bedingungen dar. Auf die Lebensführung wirken zudem vielfältige soziokulturelle Einflüsse ein. Und

schließlich ist man in und mit der Alltäglichen Lebensführung nicht allein, sondern sie wird in unterschiedlichen Formen unmittelbaren Zu-
sammenlebens (Familien, Partnerschaften, Haushalte usw.) praktiziert.
– *System »sui-generis«.* Die Alltägliche Lebensführung ist nicht mit der
Person gleichzusetzen, sondern stellt eine dynamische Hervorbringung
von Subjekten dar, die sich ihnen gegenüber verselbständigt und so
auf sie zurückwirken kann. Trotz sozialer Bedingtheit und Formung
ist Alltägliche Lebensführung aber auch kein System der Gesellschaft.
Lebensführung schiebt sich vielmehr mit eigener Logik zwischen Per-
son und Gesellschaft und erfüllt dadurch wichtige Funktionen bei der
Vermittlung von Individuum und Gesellschaft. Durch die Alltägliche
Lebensführung wird die Person Teil der Gesellschaft; durch Alltägliche
Lebensführung wirkt die Gesellschaft auf die Person.

Umkämpftes Terrain Lebensführung

Man kann alle genannten Dimensionen des Konzepts Alltägliche Lebensführung heranziehen, um (mit Harveys Vokabular) nach der Vielfalt »universeller Entfremdungen« und »Enteignungen« zu fragen. Das ist
keinesfalls ein abstraktes Thema (obwohl soziologische und politökono-
mische Abstraktionen wichtig sind), sondern es betrifft uns ganz konkret:
    Es geht um die zeitliche und räumliche Unterwerfung betroffener In-
dividuen, die sozialen Auswirkungen überwachungskapitalistischer Extraktionsstrategien, die Ausbeutung und Steuerung konkreter sachlicher
Tätigkeitsmerkmale, die oft krankmachenden Folgen für ganz persönliche Befindlichkeiten und Emotionen usw. – um »Leben« halt in seiner
vermeintlichen Banalität und nur selten wirklich gewürdigten Wucht.
    Die Vielfalt der Betroffenheiten von überwachungskapitalistischen
Zugriffen braucht hier nicht durchdekliniert zu werden, sondern bietet
Anlass für spezialisierte Forschungen und die Suche nach politischen
Strategien. Wichtig ist es, an dieser Stelle erneut zu betonen, dass mit
Blick auf die Ebene »wo alles zusammen kommt« (eine in der Lebensführungsforschung gern benutzte Formel, vgl. u. a. Jurczyk/Voß/Weih-
rich 2016, S. 53 ff.) sich vieles wechselseitig beeinflusst, verstärkt, auch
behindert, und dadurch mit Fokus auf einzelne Dimensionen auch die
genannten *Themen völlig anders aussehen.* Und nicht zuletzt bekommen

auch die Risiken eine andere Dramatik, wenn man auf die Lebensführung achtet.

Mit diesem persönlichen System der Menschen zur Koordinierung und Steuerung all dessen, »was man täglich zu tun hat« (Voß 1991), entsteht ein eigenlogischer Zusammenhang, der für manche Betroffene erst mit der Zeit in seiner Tragweite deutlich wird.[107] Erst wenn begriffen wird, dass das persönliche Leben mehr ist als die viel zitierte bloße »Summe der Teile«,[108] erst dann erkennt man auch, dass das überwachungskapitalistische Live Grabbing nicht allein die Vielfalt der Einzelerscheinungen des Zuboffschen Behavioral Surplus anzielt, sondern letztlich das Leben als solches. Der Überwachungskapitalismus, so hier die These, *greift die Lebensführung auch als System an.* Er will tendenziell alles darüber entdecken, es gehoben, hergerichtet, bereitgehalten, übereignet, aufbereitet und zugeliefert bekommen, es datafizieren, kommodifizieren und in Vorhersagen und Steuerungsprodukte überführen, die auf spezialisierten Märkten verwertbar sind. Die Überwachungskapitalisten werden ganz sicher irgendwann darin ein mögliches Geschäftsmodell erkennen. Und dann geht es zur Sache: Lebensführung als systemisch vermitteltes Ganzes wird ein weiterer Aspekt des neuen Rohstoffs werden. Noch gibt es keine Besitzrechte dafür, man kann aber gespannt sein, wer zuerst versucht, entsprechende Claims abzustecken und dann zuzugreifen. Und dann wird zu fragen sein: Wem gehören die Lebensführung von Menschen und darauf bezogene informationelle Repräsentationen – und wie macht man daraus eine Ware?

Sollte Alltägliche Lebensführung damit wirklich endgültig ›contested terrain‹ werden,[109] dürften besonders die Details interessant sein. Sie

---

107 Das ist ein zentraler empirischer Befund der empirischen Lebensführungsforschung.
(Vgl. etwa die Ergebnisse der Projektgruppe 1995)

108 Die stereotype Formulierung, dass das »Ganze mehr ist als die Summe der Teile« (v. a.
in systemtheoretischen Kontexten oft verwendet) geht auf eine verkürzende Interpretation umfangreicher Überlegungen in der Aristotelischen »Metaphysik« zurück, in der in mehreren Schritten allgemein über das Verhältnis von Teilen und einem Ganzen bei der Wesensbestimmung von Gegenständen philosophiert wird (Aristoteles 1995, v. a.
7. Buch 10–17, S. 196 ff., insbes. kurz in 17,3a, S. 217: »[…] dass das Ganze eins ist, nicht wie ein Haufen, sondern […] noch etwas anderes außer den Elementen.«

109 »Contested Terrain« ist eine in der Arbeitssoziologie bekannte Formulierung von Richard Edwards und seiner kapitalismuskritischen Position, damals bezogen auf

könnte auf diesem Weg zur umstrittenen ›Beute‹ konkurrierender Überwachungskapitalisten werden, aber auch Diskussionsstoff für die Betroffenen, die, wenn ihnen der Sachverhalt bewusst wird, sich entweder darauf einstellen oder zu wehren beginnen. Dann wird sich herausstellen,
dass Lebensführung nicht nur das persönliche strukturelle ›Verhältnis‹
des arbeitenden Tätigseins mit persönlichen Produktionsmitteln als
überwachungskapitalistische Hilfskraft und vielleicht des Leidens an
derartigen Zuständen ist. Alltägliche Lebensführung kann auch Ebene
und Instrument potenzieller persönlicher Gegenwehr sein.[110]

Abb. 12: persönliche Produktionsmittel, persönliche Produktionsverhältnisse (Foto: privat)

---

den Wandel von Arbeit im Umbruch zum Postfordismus. (Vgl. Edwards 1979) Hier
wird die Formulierung subjektorientiert verwendet mit Fokus auf Lebensführung,
vor dem Hintergrund des sozio-ökonomischen Wandels im 21. Jahrhunderts und dabei besonders mit Blick auf den »Überwachungskapitalismus«.

110 Ältere Soziologinnen und Soziologen erinnern sich vielleicht noch an das Stichwort
des »Leidens« an der Gesellschaft (vgl. Dreitzel 1972), das jetzt eine völlig neue Qualität bekommen könnte, wenn es nicht nur um einzelne Rollen, sondern um die
überwachungskapitalistische Unterwerfung und Landnahme unseres gesamten Alltags und vielleicht des »Lebens« überhaupt geht.

Kampf um die persönliche Lebensführungshoheit

Dieser Text beschäftigte sich bisher mit neuen kapitalistischen Übergriffen auf fast alle Bereiche der Lebensführung von Menschen und damit letztlich auf Lebensführung überhaupt. Wenn nun gefragt wird, wie eine Gegenwehr gegen eine derartig universelle Unterwerfung (Harvey) des Lebens durch vor allem auf Subjektivität zielende kapitalistische Landnahme im »Inneren des Inneren« aussehen kann, drängt sich eine Vermutung auf:

Ein neuer kapitalismuskritischer und in Teilaspekten vielleicht sogar antikapitalistischer Kampf wird ein Kampf um die *persönliche Hoheit über das eigene Leben* sein und damit ein *Kampf um die und mittels der Alltäglichen Lebensführung*. Betroffen sind letztlich alle Menschen, so unterschiedlich die gesellschaftlichen Interessen und Lebenslagen auch weiterhin sind. Parallelen zu den grundlegenden Themen der derzeitigen Klimabewegung liegen nahe. Auf Ebene der Lebensführung relativiert und amalgamiert sich aber Vieles, was dann in den Mühen des Alltags schnell untergeht. Was überwachungskapitalistische Zumutungen bedeuten, wird vielfach weder politisch noch alltagspraktisch verstanden. Ja oft wird noch nicht einmal im Ansatz überhaupt wahrgenommen, welche Irritationen schon jetzt vielfach daraus entstehen und wie sehr sich Menschen zunehmend überfordert fühlen.

Der neue sozialkritische Fokus richtet sich, bewusst oder nicht, auf viele Aspekte aktueller sozialer Verwerfungen und Belastungen, zunehmend aber auch auf die nach und nach doch deutlich werdende endemische Logik einer Extraktion des neuen »menschlichen Rohstoffs« (Zuboff). Das bedeutet auch, dass jeder Betroffene auf seine ambivalenten Rollen als direkt beteiligter arbeitender Nutzer und indirekt passiv Mitwirkender im Zuge der sich lawinenartig ausbreitenden überwachungskapitalistischen Landnahme verwiesen wird und sich dem letztlich stellen muss. Betroffen sind wir alle! Die Dynamik des neuen Kapitalismus besteht ja genau darin, dass es (fast) keine persönlich und gesellschaftlich unvereinnahmten Zonen mehr gibt – und damit auch kein Entrinnen. Nicht nur Harvey argumentiert so, sondern fast noch eindringlicher Hardt und Negri.

Defensive Widerständigkeit oder offensiver Kampf
um das persönliche Leben?

Was die Gegenwehr gegen die neue überwachungskapitalistische Landnahme betrifft, werden es meist indirekte, *widerständige Aktivitäten*
sein mit diffusen bis fast unsichtbaren Erscheinungsformen im Alltag.
Widerstand könnte aber auch in Form einer Verweigerung der Arbeit
als arbeitende Nutzer daher kommen – als ›wilder Streik‹, ›Behinderung‹ ›Störung‹ oder gar ›Sabotage‹? Man kann diese Möglichkeiten
sehr konkret machen, wenn man sich an die oben beschriebenen Mi-
kro-Leistungen im Vorfeld der betrieblichen Gewinnung des neuartigen Rohstoffs erinnert. Diese bergen eine Fülle von Gelegenheiten, wo
Widerstand ansetzen könnte. Ob bei der Entdeckung, Hebung und
Herrichtung von Lebens-Spuren, ob im Rahmen des Benennens und
Bereithaltens des gesuchten wertvollen Stoffs oder dann bei einem direkt betriebsbezogenen Übereignen, Aufbereiten, Verdaten und Zuliefern, bei jedem Schritt ist es möglich, sich nicht zu beteiligen oder die
Abläufe zu stören. Auch ein Seitenblick auf die Erfahrungen der Ar-
beiterbewegung mit Formen des Widerstands ist hilfreich – handelt
es sich doch auch hier um Arbeit. Widerstand in Form eines gezielten,
angekündigten und offen durchgeführten Streiks ist nur eine von vielen Möglichkeiten, die historisch ausprobiert wurden, hier aber vermutlich nicht die eleganteste Form wäre, weil es mühsam sein dürfte,
die arbeitenden Nutzer kollektiv zu organisieren. Erfolgversprechender
ist womöglich, die Prozesse einfach stillschweigend zu sabotieren, sich
›dumm zu stellen‹, nichts zu sehen, nichts zu entdecken, zu schweigen,
nichts herzurichten, nichts bereitzuhalten, auf jeden Fall die Aufforde-
rung zur Übereignung und Aufbereitung zu ignorieren, nicht den gewünschten Stoff zu verdaten und schon gar nicht etwas aktiv zu liefern.
Der beharrlich sanfte Satz des Büroschreibers in Melvilles Bartleby-Er-
zählung ist eine Formel, die man sich zur Leitlinie der Verweigerung
machen könnte (auch wenn die Geschichte bei Melville leider nicht gut
ausgeht): »I would prefer not to«. (Vgl. Melville 1853/2019)

Die schon lange zurückliegende Einführung von Google-Maps und
Google-Earth, als massenhaft fotografierende Autos durch die Land-
schaften und Städte fuhren, ist manchem ja vielleicht noch in Erinne-

rung. Widerstand war möglich. Man konnte sich durchaus erfolgreich
verweigern: »Bitte mein Haus nicht abbilden, ich will nicht gestört
werden!« Dass es weiterhin Google-Maps und Google-Earth gibt, fast
jeder die Apps nutzt und sich kaum jemand daran stößt, dass Google
die Welt komplett abbildet und die Daten für sich nutzt, all das ist kein
Widerlegung der Widerstandspotenziale, unterstreicht aber die Tiefe
und Reichweite des Problems, das hier behandelt wird.

Führt man sich als arbeitender Nutzer vor Augen, dass man auch
Kunde ist, kommen einem vielleicht auch noch ganz andere Widerstän-
digkeiten in den Sinn: Die Ablehnung einer »Kundenkarte«, das Ignorieren eines »Schnäppchens«, die Verweigerung des ach-so-bequemen »Ein-
kaufs« bei Amazon oder der verführerisch kostengünstigen Beteiligung
an »Amazon Prime« (vielleicht schon mit Alexa) hat durchaus Züge von
Widerständigkeit. Die Versuche einer zumindest partiellen digitalen Re-
sistenz oder Renitenz bei einigen Gruppen (»Digitales Fasten«, »Digital
Detox«) werden häufig zunächst als kulturpessimistische Technikkritik
oder als Schutz vor Überforderung durch die Risiken der Social Media
interpretiert. Dahinter stecken aber auch zunehmend Praktiken der be-
wussten Verweigerung von Kollaboration mit dem kapitalistischen Gegenüber. (Vgl. Papsdorf u. a. 2018) Zuboff fordert ganz in diesem Sinne
pauschal dazu auf: »Seid Sand im Getriebe« (Zuboff 218, S. 593).

Ein *offensiv direkter Kampf*, der mehr ist als die Verweigerung der Mitarbeit an der Extraktion des neuen Rohstoffs, verlässt schnell den Möglichkeitsraum der Lebensführung und wird damit potenziell auch im
üblichen Sinne politisch. Ein solcher Kampf ist ein Bemühen um grundsätzlich andere persönliche Verhältnisse, für die grundsätzlich andere gesellschaftliche Verhältnisse Voraussetzung sind. Es handelt sich dabei um
den Versuch, in und mittels der Lebensführung allgemein und nicht nur
in der Rolle des arbeitenden Nutzers ein besseres, oder gar ganz *anderes*
»Leben« in den herrschenden Verhältnissen leben zu können. Das klingt
idealistisch, fundamentalistisch, vielleicht sogar religiös und ist es ansatzweise auch – geht es doch immerhin um die Verteidigung oder Rück-
eroberung bedrohter Aspekte von Freiheit und Würde. Man muss dazu
gar nicht in alten Schriften stöbern oder spirituelle Gelehrte konsultie-

ren. Ein Blick in unser aus den Erfahrungen des Faschismus entstandenen Grundgesetz (z. B. Artikel 1) gibt dazu schon Etliches her.

Wenn wir noch einmal zurück schauen zu den politischen Botschaften von Zuboff, dann geht es uns letztlich um mehr als nur um den »Sand im Getriebe«. Es geht uns um das, was sie im Sinn hat, wenn sie vehement ein Recht auf »*Freistatt*« und »*Futur*« reklamiert und dafür explizit zum Kampf aufruft. Sie spricht als bekannte US-Volkswirtin aus Harvard natürlich nicht explizit von einem antikapitalistischen Kampf (was ihr Morozov vorwirft, 2019), und manchmal weiß man nicht, ob sie den Kapitalismus bekämpfen oder ihn vor sich selbst schützen will:

»Falls es zum Kampf kommen sollte, dann sollte es ein Kampf um den Kapitalismus sein. Und es sollte dabei darum gehen, dass ein ungezügelter Überwachungskapitalismus eine Bedrohung darstellt – für die Gesellschaft nicht weniger als für den Kapitalismus selbst« (Zuboff 2019, S. 227).

Erinnert man sich aber daran, dass Zuboff nicht nur mit dem sich abzeichnenden neuen Kapitalismus gnadenlos abrechnet, sondern auch seine Grundlagen massiv angreift, dann kann man den Eindruck bekommen, dass sie die in der Mitte des Buches beiläufig formulierten reformistischen Hoffnungen am Ende selbst nicht mehr glaubt.

Lebenswertorientierte Lebensführung

Wenn der Kampf gegen die Bedrohungen durch den Überwachungskapitalismus und dessen innere Logik an dieser Stelle leitendes Thema ist, kann man ihn in Rekurs auf den zentralen Gründungsvater des Kampfs gegen die Auswüchse des Kapitalismus auch noch einmal anders verstehen: als Kampf gegen die überbordende Dominanz der abstrakt-ökonomischen Tausch-Werte in Gesellschaft und Alltag mit der sich nun überall durchsetzenden reellen Subsumtion unter kapitalistische Verwertungsimperative. Die auch im Kapitalismus nicht völlig zu negierende Notwendigkeit, weiterhin nutzenrelevante Gebrauchs-Werte zu produzieren, mag Hoffnung geben, führt aber, wie man schnell begreift, nicht wirklich weiter. Ein bis in jede Verästelung des Lebens durchgesetzter Kapitalismus braucht auch das nicht mehr oder nur als

ideologischen Schein von ›Nützlichkeit‹, die letztlich auch nur tausch-
wertorientierten Interessen dient.[111]

Eine wirkliche Perspektive könnte ein Kampf der Menschen um ihren Alltag sein, weil sie als Personen schlicht an den existenziellen Lebens-
Wert all dessen gebunden sind, was sie da so vielfältig tun und durch
Lebensführung zusammenzuhalten versuchen. Ziel eines kapitalismuskritischen Kampfs unter überwachungskapitalistischen Umständen wäre
somit eine im Kern *lebenswertorientierte alltägliche Lebensführung*.[112] Diese Wertorientierung wäre neben die von Marx beschriebene konkrete »Gebrauchswertorientierung« und definitiv gegen die ökonomische
»Tauschwertorientierung« gestellt und hätte so gesehen ein sehr persönlich gutes Leben hier und heute zum Ziel,[113] Sie wäre zugleich Basis für
eine offensive *Personal Life Politics*,[114] die sich gegen den Überwachungskapitalismus auch mit gesellschaftlicher Perspektive zur Wehr setzt.

Mit Max Weber könnte man unter Anspielung auf seine berühmten Vorträge[115] auch von einem ›Leben als Beruf‹ sprechen, geht es doch
letztlich darum, sein Leben in Abwehr fremder Bedrohung mit eigenen
Werten (Lebenswerten) zu einer autonomen *Selbst-Berufung* zu machen.
Das klingt idealistisch, ist aber unter den aktuellen Umständen nicht

---

111 Gemeint ist etwa der schöne Schein der Warenästhetik (vgl. Haug 1971 und 2009,
s. a. aktuell Baßler/Drügh 2019). Wie manches im vorliegenden Text ist auch das ein
›altes‹ Thema der kritischen Theorie, vor allem bei dem fast in Vergessenheit gerate-
nen Herbert Marcuse – den man daher gerade jetzt wieder reaktivieren müsste. (Vgl.
z. B. Marcuse 1964/1970)

112 Vgl. zum Begriff »Lebenswert« im Vergleich zu den Kategorien »Gebrauchswert« und
»Tauschwert« bei Marx u. a. Voß 2012. Die drei Kategorien bekommen jeweils auch
Bedeutung bei der Beschreibung der neuen ›Figuren‹ von Arbeitskraft mit der Unter-
scheidung der Merkmalsebenen Tätigkeit, Ökonomie und Lebensführung.

113 Zum Thema des »guten Lebens« gibt es eine lange Tradition philosophischer Überlegungen, an die man anknüpfen kann. (Vgl. etwa Schmid 2001)

114 Das ist etwas anders als das, was Anthony Giddens »Life Politics« genannt hat. (Vgl.
Giddens 1991, s. a. Berger 1995) Bei ihm geht es um einen auf das persönliche Leben
von Personen allgemein bezogenen gesellschaftlichen Wandel und dessen politische
Folgen – hier ist der Fokus eine persönliche Politik des Umgangs mit dem eigenen
Leben und dessen gesellschaftspolitische Bedeutung. Daher wird der Ausdruck »Per-
sonal Life Politics« verwendet.

115 Gemeint sind die Vorträge »Politik als Beruf« und »Wissenschaft als Beruf«. (Vgl.
Weber 1988 [1919]; 1919/1992)

nur eine kapitalismuskritische, sondern vielleicht schon ›revolutionäre‹ Forderung. Diese Perspektive könnte unter Umständen Angst machen, weil sie ja auch impliziert, dass jemand das ›Spiel‹, von dem hier gesprochen wird, nicht mehr mitmacht, sondern aussteigt. Und dafür gibt es Indizien, vor allem bei jungen Menschen.

Die Parallelen derartiger Ziele zur Idee der »Commons« im Sinne von Hardt/Negri (2010) heben einen weiteren Aspekt hervor. Es geht bei den ausgeführten Themen nämlich auch um die Erhaltung, oder besser noch um die Reaktivierung und sogar Neubildung kollektiver, kapitalistisch nicht unterworfener Güter und deren gemeinschaftliche Nutzung. Der Kampf gilt der Verteidigung, Reaktivierung oder gar Neubildung von Sphären alltäglichen Lebens, die nicht kapitalistischen und vor allem *nicht überwachungskapitalistischen Parametern unterworfen* sind, sondern dezidiert selbstbestimmten Regeln und eigenen Wertorientierungen folgen. (Jeder kann sich ja selbst die Frage stellen, welche Räume in seinem Alltag noch diese Qualität haben). Es ist ein persönlicher Kampf um Freiräume und Entwicklungschancen für zukunftsorientierte Ziele unter noch oder wieder ausreichenden Bedingungen für ein allgemein gutes, gemeinsames Lebens auf diesem Planeten – nicht nur für Menschen.[116]

Derartige *Ziele* eines freien und zukunftsoffenen Lebens auf Grundlage autonomer Wertorientierungen als Reaktion auf überwachungskapitalistische Übergriffe (Zuboffs »Freistatt« und »Futur«) können mit den Dimensionen von Lebensführung ausdifferenziert werden. Diese könnten auch eine Perspektive bieten, um Ressourcen oder Mittel eines alltäglichen Kampfs um die persönliche Lebensführungshoheit zu finden. Dazu einige Andeutungen:

– *Zeitlich* geht es etwa um die Verteidigung wirklicher persönlicher *Zeitsouveränität*[117] gegen Zumutungen neuartiger Zeitsteuerungen, die paradoxerweise nicht selten ideologisch mit dem Begriff »Souveränität« operie-

---

116 Der Kampf um eine ökologisch zukunftsfähige Form alltäglichen Lebens in globalem Maßstab ist darin impliziert. (Vgl. dazu allgemein mit Blick auf die Klimaproblematik Greta Thunberg 2019)

117 Der Ausdruck »Zeitsouveränität« erinnert an einen wichtigen Begriff der frühen Diskussion zum Wandel von Arbeitszeiten (vgl. zuerst Teriet 1977). Im Folgenden wird

ren. Die Methoden eines solchen Zeitkampfes werden ganz sicher überaus komplex sein und müssen in Vielem erst neu entwickelt werden. (Vgl. die Gesellschaft für Zeitpolitik 2003, die sich um Derartiges kümmert)

- *Räumlich* ist Ziel eine Art wirkliche *Ortssouveränität* (unsere Verfassung spricht auch von »Freizügigkeit«), die mit dem Recht auf flexible und autonome Wahl der Heimat und der Bewegungen darin verbunden ist. Die Verfahren eines Kampfes um eine derartige Freizügigkeit werden vielfältig sein. Was geschieht, wenn sich dagegen massiver Widerstand formiert, kann man fast täglich am Beispiel der Konflikte um Migration studieren. Dass genau das ein zentrales Feld der Auseinandersetzungen auch im Überwachungskapitalismus sein wird, muss vermutlich nicht betont werden. (Vgl. Voß 2019)

- *Sachlich* wird es von Bedeutung sein, die Vielfalt von Tätigkeiten in ihren jeweiligen Gebrauchswerteigenschaften überhaupt wahrzunehmen und dann als zum eigenen Leben genuin dazugehörig mit der Forderung nach *Sachsouveränität* zu verteidigen. Was Verfahren der Verteidigung sein werden, wird sich an der sachlichen Eigenlogik der verschiedenen Tätigkeiten wie auch an Regeln und Ethiken von Berufen und Professionen orientieren – Parameter, die gerade durch kapitalistische Zwänge unter die Räder zu geraten drohen. (Vgl. Koch-Falkenberg/Handrich/Voß 2016; Voß 2012a, 2012b; Voß/Handrich 2013)

- *Sinnhaft* geht es vor allem darum, mit *Sinnsouveränität* einen expliziten Eigensinn mit vielfältigen Inhalten als Ziel zu formulieren. Solche »Eigensinnigkeit« (das Wort wurde von seinen Urhebern klug gewählt) bedeutet letztlich eine wichtige Widerstandskompetenz und Widerstandskraft. (Vgl. Negt/Kluge 1981)

- *Sozial* ist entscheidend, nicht nur flexibel in vielfältiger Weise über tragfähige und befriedigende Sozialbeziehungen zu verfügen, sondern darüber hinaus auch mit *sozialer Souveränität* soziale Integration und Sicherheit für sich und andere zu erhalten. Instrumentell geht es in einem solchen sozialen Kampf in fast schon altmodischer Weise um Solidarität, aber auch konkreter um neuartige soziale Sorge, Unterstützungen, Regulierungen, Interessenorganisationen, die den veränderten Verhältnissen gerecht werden können. Viele der gewohnten Systeme sozialer Sicherung passen nicht mehr zum Überwachungskapitalismus,

---

die Perspektive auf praktische Möglichkeiten zur souveränen Gestaltung von »Zeit« auf die weiteren Dimensionen von Lebensführung übertragen.

zu den von ihm ausgehenden Ausbeutungs- und Gefährdungsmomenten und den möglichen Formen der Gegenwehr. (Vgl. Klinger 2016, die für eine »Lebenssorge« plädiert)

– *Technisch* beziehungsweise *medial* geht es darum, in neuartiger *Techniksouveränität* die Vielfalt der Möglichkeiten für die Gestaltung von Tätigkeiten und Lebensführung insgesamt zu akzeptieren und zu erhöhen. Technologien des Alltags sind ja nicht nur Instrumente der Entfremdung oder Ausbeutung, sondern immer auch Hilfsmittel für den Kampf um eine andere Lebensführung und um erweiterte Möglichkeiten des Lebens, die techniksouverän genutzt werden können und müssen. (Vgl. Hardt/Negri 2018, S. 162 ff.) Die Frage, wie etwa die Sozialen Medien gesellschaftlich verträglich neu geformt und verwendet (und »Big Tech« entrissen) werden können, ist dabei äußerst wichtig, aber bisher nach wie vor selten ein politisches Thema. (Vgl. die Forderungen von Morozov 2019 anlässlich seiner Kritik an Zuboff)

– *Fähigkeitsbezogen* ist die Perspektive entscheidend, sich seiner *fähigkeitsouveränen Kompetenzen* (die nicht eng funktional mit dem Ziel der Vernutzung und Verwertung formiert sind) wieder zu vergegenwärtigen. Diese sind immer auch in Verbindung zu sehen mit erwerbsbezogenen Qualifikationen oder allgemeiner mit »Beruf«. Sie können aber immer auch hinsichtlich der befreienden Möglichkeiten eines weitverstandenen Arbeitsvermögens und dessen persönlicher Form (»Individualberuf«) sowie allgemeiner von »Lebenskraft« als Ressource in und für Lebensführung verstanden und genutzt werden. (Vgl. Jürgens 2006; Pfeiffer 2004, s. a. Voß 2012a und 2012b)

– Was das *Befinden* der Menschen betrifft, stellt sich immer mehr heraus, welche gravierenden Folgen entgrenzte Arbeit für die Psyche haben kann. Eine Steigerung solcher Probleme durch die Methoden des Überwachungskapitalismus ist mehr als wahrscheinlich, so dass ein *empfindenssouveräner* Kampf gegen psychische Überlastungen eine zentrale Aufgabe sein wird. Kenntnisse über derartige Zusammenhänge und Fähigkeiten mentaler und psychischer Abwehr mit dem Ziel eines gesunden und »achtsamen« Lebens sind eine essentielle Voraussetzung im neuen Kampf um die Lebensführung. (Vgl. z. B. Voß/Weiß 2013; Handrich/Koch-Falkenberg/Voß 2016; s. a. Haubl/Hausinger/Voß 2013; Haubl u. a. 2013)

– *Körperlich* ist zentrales Ziel das Recht auf einen gesunden und autonomen, das heißt vor allem nicht datafizierten Körper und die Fähigkeit, sich dafür einzusetzen. Neben dieser allgemeinen *Körpersouveränität* geht es spezieller auch um *Geschlechtssouveränität* im gesamten Alltag. Gesellschaftlich und individuell geraten Menschen zunehmend in einen Kampf um flexibel selbstbestimmte Körperlichkeit, einschließlich ihrer Geschlechtseigenart. Dass das völlig neuartige Methoden und Ziele eines körperbezogenen Kampfs gegen kapitalistische Vereinnahmung erfordert, der weit über das hinausgeht, was meist mit Biopolitik gemeint ist, liegt auf der Hand. (Vgl. z. B. Voß/Weiß 2015)

Entunterwerfung im Alltag der Lebensführung

Die Alltägliche Lebensführung ist sowohl der Rahmen als auch das Verfahren der Integration der Teilaspekte des Lebens und damit auch der Vermittlung und Stärkung eines im geschilderten Sinne mehrdimensionalen Kampfs. Der kapitalismuskritische Kampf ist faktisch zwar immer ein Kampf auf der Teilebene, der aber ohne eine kämpferische Perspektive auf den Zusammenhang (für Beteiligte wie Beobachter) nicht zu verstehen und damit auch nicht erfolgreich zu führen ist. Man kämpft immer auch um die und mittels seiner *Lebensführung als solche*.

Dass das aus der hier gewählten Sicht erst einmal ein persönlicher Kampf ist und sich auch so anfühlt, wurde deutlich gemacht. Auf einer abstrakteren Ebene ist es aber immer zugleich ein sozialer oder auf die eine oder andere Weise sogar kollektiver Kampf – ein altes Thema der Organisation von Widerstand. Hardt/Negri führen vor, dass sich auch diese Konstellation im Übergang zum Kapitalismus des 21. Jahrhunderts fundamental ändert und andere Organisationsformen erfordert. (Vgl. Hardt/Negri insb. 2018, s. a. 2004) Die Multitude ist nicht mehr das traditionelle Kollektiv der Arbeiterklasse (falls es das je gab), sondern eine fluide, hoch individuelle oder kleinsoziale *Gemengeformation*. Das macht den Widerstand gegen den Überwachungskapitalismus nicht einfacher – auch wenn Hardt/Negri sich das Gegenteil erhoffen. Vielleicht macht es den Kampf aber ja wenigstens interessanter (man müsste die Aktivisten der Fridays-for-Future-Bewegung fragen).

Gehen wir zum Schluss für einen Ausblick noch einmal nach Frankreich, von wo aus schon vor Jahren ein wichtiges philosophisches Stichwort zur Frage eines persönlichen Widerstandes gegen kapitalistische Unterwerfungsstrategien vorgelegt wurde. Michel Foucault hat vorgeführt, dass das Leben im Kapitalismus (und spezifisch im Neoliberalismus) anstrengend und vor allem kompliziert ist, weil die Subjekte mit ihrer Lebensführung einer genealogisch weit zurückreichenden alteuropäischen Fiktion genuiner »Subjektivität« nachjagen. Seine zentrale Idee war, dass moderne Menschen schon lange dazu erzogen wurden, immer dieser kulturell aufgezwungenen Illusion zu folgen und nicht erkennen, dass das Ideal der Subjektivität nichts anderes ist als ein hintergründiger Mechanismus der Machtausübung mit dem Ziel, Menschen (religiös, staatlich, betrieblich usw.) ›auf Linie‹ zu bringen.. »Sei Subjekt!« ist die ambivalente Order der Herrschenden an alle, so seine Botschaft.

Foucault war aber auch ein Denker, der wohl schon immer um die Kehrseite dieser Sicht wusste, die er aber erst nach und nach, und eher versteckt, äußerte – und die entsprechend nur zögerlich rezipiert wurde. Subjektivität bedeute immer auch, so die These des späten Foucault, mit »Technologien des Selbst« und einer »Ästhetik der Existenz« sein Leben auch angesichts unausweichlicher gesellschaftlicher Unterwerfungen (die ihn bekannterweise persönlich hart trafen) selbst in die Hand nehmen zu können, vor allem zu müssen. Subjektivität sei, obwohl notorisch unaufhebbare Illusion und Mechanismus der Machtausübung, trotzdem letztlich nichts anderes als die Fähigkeit und das Bemühen, sich zu »*entunterwerfen*« (Foucault 1992, S. 18),[118] widerständig zu sein, mit einer »*Sorge um sich*« (Foucault 2017) nach einem eigenen Leben in allen Aspekten zu suchen. »Sei Subjekt!« ist der lange und nie endende historische Prozess einer dialektischen Vermittlung von beiden Seiten des »Subjekt«-Seins. Der Überwachungskapitalismus wird den Widerspruch keineswegs aufheben (nur Hegel wusste, wie man Widersprüche ›aufhebt‹), auch weil er ihn gerade in seiner Widersprüchlichkeit

---

118 Den in jüngster Zeit in Teilen der Foucaultrezeption viel beachteten Ausdruck »Entunterwerfung« verwendet er in einer späten marginalen Quelle (Foucault 1992, S. 18), gibt dabei aber ganz offensichtlich Einblick in eine entscheidende ›andere‹ Seite seines Denkens, aus deren Perspektive sein Werk gänzlich neu interpretiert werden kann. In seinen Vorlesungen 1977–1978 sprach er auch schon von »Gegen-Verhalten« (Foucault 2004a, S. 292; vgl. dazu aktuell erneut Foucault 2019).

braucht. Durch ihn wird die Widersprüchlichkeit vielmehr systematisch verschärft werden und zu neuen Formen und Problemen führen.
Wenn Foucault überraschenderweise sogar fordert »Wir müssen nach
neuen Formen von Subjektivität suchen […]«, die eine Entunterwerfung erlauben und nicht behindern (Foucault 2007, S. 91)[119], dann lässt
sich das auf unser Thema so übertragen: *Wir müssen nach neuen Formen
Alltäglicher Lebensführung suchen,* die gegen neuartige landnehmende
Zugriffe auf unser Leben eine Widerständigkeit mit dem Ziel eines guten Lebens ermöglichen und darum kämpfen. Es bleibt also noch viel
zu tun. Das gilt für alle – ganz besonders aber für arbeitende Nutzer.

---

119 Vgl. aus der großen Zahl von Schriften Foucaults hier zum zweiten Aspekt als kleine Auswahl von Texten Foucault 2007, darin insbesondere »Subjekt und Macht«, sowie 1992,
2007, 2009, 2017 und 2019. Vgl. auch Klinger 2014a, 2014b, 2016 und Mönch 2018.

Facebook, Amazon, and Google have vast power over our economy and democracy. They've bulldozed competition and tilted the playing field in their favor. Time to break up these companies so they don't have so much power over everyone else. #BreakUpBigTech

IT'S TIME TO BREAK UP
AMAZON, GOOGLE, AND FACEBOOK

WARREN

Here's how we can break up Big Tech
By Elizabeth Warren
medium.com

9:01 AM - 8 Mar 2019

Abb. 13: Break up Big Tech (Elizabeth Warren auf twitter.com @ewarren, 08.03.2019)[120]

---

120 Die Bewerberin als Kandidatin der Demokratischen Partei für den US-Präsidenten-wahlkampf 2020, Senatorin Elizabeth Warren (Mass.), äußerte sich Anfang 2019 mit scharfer Kritik an den Technikkonzernen des Silicon Valley in einem Tweet mit dem Hashtag »*Break up Big Tech*«. Danach erschien von ihr ein großformatiges Plakat in San Francisco mit der gleichen Forderung, das große Aufmerksamkeit fand. (Vgl. Bowles 2019; Stevens 2019; s. a. Bloomberg TicTic 2019) Die Beschränkung auf die zuerst genannten Konzerne wurde inzwischen erweitert. Details zu der Kampagne präsentiert Warren inzwischen auf YouTube. (Vgl. Warren 2019a, s. a. 2019b) Dass fast die Hälfte der US-Generalstaatsanwälte plant, monopolrechtlich gegen Google etc. vorzugehen zeigt, wie weit das Thema greift. (Vgl. Kort/Postinett/Holzki 2019). Aus Sicht dieses Buchs greift die monopolpolitische Fokussierung aber zu kurz. Siehe auch die aktuelle Kritik von Edward Snowden nicht mehr nur an Praktiken des Über-wachungsstaats sondern auch der Überwachungskapitalisten. (Vgl. Snowden 2019a und b; s. a. Knobbe/Schindler 2019). Mehr zur Abbildung: Post am 08.03.2019 im Twitteraccount @ewarren.

Abbildungen und Tabellen

Quellen

Literatur

Arbeitsgruppe SubAro (Hg.) (2005): Ökonomie der Subjektivität – Subjektivität der Ökonomie. Berlin: edition sigma.

Agricola, Georgius (1974 [zuerst lat. 1556, dt. 1557]): De re metallica libri XII. Bergbau und Hüttenkunde, 12 Bücher. Berlin: VEB.

Alleweldt, Erika; Röcke, Anja; Steinbicker, Jochen (Hg.) (2016): Lebensführung heute – Klasse, Bildung, Individualität. München: Beltz Juventa.

Arendt, Hannah (1989 [zuerst 1958]): Vita activa oder Vom tätigen Leben. München: Piper.

Arendt, Hannah (2017 [zuerst 1951]): Elemente und Ursprünge totaler Herrschaft. Antisemitismus, Imperialismus, totale Herrschaft. München: Piper.

Aristoteles (1994): Politik. Reinbek: Rowohlt.

Aristoteles (1995 [Entstehung ca. 300 v. Chr.]): Metaphysik. Philosophische Schriften Band 5. Hamburg: Felix Meiner.

Aulenbacher, Brigitte; Dammayr, Maria (Hg.) (2014): Für sich und andere Sorgen. Krise und Zukunft von Care in der modernen Gesellschaft. Weinheim: Beltz Juventa.

Aulenbacher, Brigitte; Funder, Maria; Jacobsen, Heike; Völker, Susanne (Hg.) (2007): Arbeit und Geschlecht im Umbruch der modernen Gesellschaft. Wiesbaden: Springer VS.

Aulenbacher, Brigitte; Riegraf, Birgit; Theorbald, Hildegard (Hg.) (2014): Sorge: Arbeit, Verhältnisse, Regime. Baden-Baden: Nomos.

Baßler, Moritz; Drügh, Heinz J. (2019): Konsumästhetik. Umgang mit käuflichen Gegenständen. Bielefeld: transcript.

Bauman, Zygmunt (1999 [zuerst engl. 1997]): Unbehagen in der Postmoderne. Hamburg: Hamburger Edition.

Bauriedl, Sybille; Strüver, Anke (Hg.) (2018): Smart City – kritische Perspektiven auf die Digitalisierung in Städten. Bielefeld: transcript

Bechtle, Günther (1989): Die Unbestimmtheit post-tayloristischer Rationalisierungsstrategie und die ungewisse Zukunft industrieller Arbeit – Überlegungen zur Begründung eines Forschungsprogramms. In: Klaus Düll und Burkardt Lutz (Hg.): Technikentwicklung und Arbeitsteilung im internationalen Vergleich. Fünf Aufsätze zur Zukunft industrieller Arbeit. Frankfurt a. M., New York: Campus, S. 9–91.

Beck, Ulrich (1986): Risikogesellschaft. Auf dem Weg in eine andere Moderne. Frankfurt a. M.: Suhrkamp.

Beck, Ulrich; Bonß, Wolfgang (Hg.) (2001): Die Modernisierung der Moderne. Frankfurt a. M.: Suhrkamp.

Beck, Ulrich; Giddens, Anthony; Lash, Scott (2014): Reflexive Modernisierung. Eine Kontroverse. Frankfurt a. M.: Suhrkamp.

Behringer, Luise (1998): Lebensführung als Identitätsarbeit. Der Mensch im Chaos des modernen Alltags. Frankfurt a. M., New York: Campus.

Benkler, Yochai (2006): The Wealth of Networks. How Social Production transforms Markets and Freedom. New Haven: Yale University Press.

Benner, Christiane (Hg.) (2014): Crowd Work – zurück in die Zukunft. Rechtliche, politische und ethische Fragen digitaler Arbeit. Frankfurt a. M.: Bund.

Bennett, Nathan James; Govan, Hugh; Satterfield, Terre (2015): Ocean grabbing. In: *Marine Policy* 57, S. 61–68.

Berger, Peter A. (1995): »Life politics«: Zur Politisierung der Lebensführung in nachtraditionalen Gesellschaften. In: *Leviathan* 23 (3), S. 445–458.

Bergmann, Joachim (1989): »Reelle Subsumtion« als arbeitssoziologische Kategorie. In: Wilhelm Schumm (Hg.): Zur Entwicklungsdynamik des modernen Kapitalismus. Beiträge zur Gesellschaftstheorie, Industriesoziologie und Gewerkschaftsforschung. Frankfurt a. M., New York: Campus, S. 39–48.

Bilić, Paško; Primorac, Jaka; Valtýsson, Bjarki (Hg.) (2018): Technologies of labour and the politics of contradiction. Cham: Palgrave Macmillan.

Bischoff, Joachim (2004): Entfesselter Kapitalismus. Transformation des europäischen Sozialmodells. Hamburg: VSA.

Boes, Andreas; Kämpf, Tobias; Langes, Barbara; Lühr, Thomas (2015): Landnahme im Informationsraum. Neukonstituierung gesellschaftlicher Arbeit in der ›digitalen Gesellschaft‹. In: *WSI-Mitteilungen* (2), S. 77–85.

Boes, Andreas; Langes, Barbara (Hg.) (2019): Die Cloud und der digitale Umbruch in Wirtschaft und Arbeit. Strategien, Best-Practices und Gestaltungsimpulse. Freiburg: Haufe-Lexware.

Bolte, Karl Martin (1983): Subjektorientierte Soziologie – Plädoyer für eine Forschungsperspektive. In: Karl Martin Bolte und Erhard Treutner (Hg.): Subjektorientierte Arbeits- und Berufssoziologie. Frankfurt, a. M., New York: Campus, S. 12–36.

Bolte, Karl Martin (1997): »Subjektorientierte Soziologie« im Rahmen soziologischer Forschung – Versuch einer Verortung. In: G. Günter Voß und Hans J. Pongratz (Hg.): Subjektorientierte Soziologie. Karl Martin Bolte zum 70. Geburtstag. Opladen: Leske + Budrich.

Bolte, Karl Martin; Treutner, Erhard (Hg.) (1983): Subjektorientierte Arbeits- und Berufssoziologie. Frankfurt, a. M., New York: Campus.

Bostrom, Nick (2018 [zuerst engl. 2014]): Superintelligenz. Szenarien einer kommenden Revolution. 3. Aufl. Berlin: Suhrkamp.

Braidotti, Rosi (2014): Posthumanismus. Leben jenseits des Menschen. Frankfurt a. M., New York: Campus.

Braidotti, Rosi; Hlavajova, Maria (2018): Posthuman glossary. London: Bloomsbury Academic.

Braverman, Harry (1977 [zuert engl. 1974]): Die Arbeit im modernen Produktionsprozeß. Frankfurt a. M., New York: Campus.

Brock, Dietmar (Hg.) (1989): Subjektivität im gesellschaftlichen Wandel: Umbrüche imberuflichen Sozialisationsprozeß. Weinheim, München: Juventa (Deutsches Jugendinstitut).

Bröckling, Ulrich (2007): Das unternehmerische Selbst. Soziologie einer Subjektivierungsform. Frankfurt a. M.: Suhrkamp.

Brunner, Jan; Dobelmann, Anna; Kirst, Sarah (2019): Wörterbuch Land- und Rohstoffkonflikte. Bielefeld: transcript.

Brunner, Jan (2019): Akkumulation durch Enteignung. In: Jan Brunner, Anna Dobelmann und Sarah Kirst (Hg.): Wörterbuch Land- und Rohstoffkonflikt. Bielefeld: transcript, S. 44–50.

Brynjolfsson, Erik; McAfee, Andrew (2014): The second machine age. Work, progress, and prosperity in a time of brilliant technologies. New York: W. W. Norton & Company.

Castells, Manuel (2001): Das Informationszeitalter. Wirtschaft, Gesellschaft, Kultur. Band 3: Jahrtausendwende. Opladen: Leske + Budrich.

Castells, Manuel (2005): Die Internet-Galaxie. Internet, Wirtschaft und Gesellschaft. Opladen: Leske + Budrich.

Chandler, David; Fuchs, Christian (Hg.) (2019): Digital objects, digital subjects. Interdisciplinary perspectives on capitalism, labour and politics in the age of big data. London: University of Westminster Press.

Chernow, Ron (2004): Titan. The life of John D. Rockefeller, Sr. 2. Aufl. New York: Vintage.

Chesbrough, Henry W. (2003): Open Innovation. The New Imperative for Creating Profiting from Technology. Watertown, Mass.: Havard Business Review Press.

Cockayne, Daniel G. (2016): Affect and value in crtical examinations of the production and ›prosumption‹ of Big Data. In: *Big Data & Society* (Juli-Dezember), S. 1–11.

Couldry, Nick; Mejias, Ulises A. (2019): Cost of Connection. How data is colonizing human life and appropriating it for capitalism. Stanford: Stanford University Press.

Crouch, Colin (2019): Gig Economy. Prekäre Arbeit im Zeitalter von Uber, Minijobs & Co. Berlin: Suhrkamp.

Daniel, Claus (1981): Theorien der Subjektivität. Frankfurt a. M., New York: Campus.

Daum, Timo (2017): Das Kapital sind wir. Zur Kritik der digitalen Ökonomie. Hamburg: Edition Nautilus.

Daum, Timo (2019): Die Künstliche Intelligenz des Kapitals. Hamburg: Edition Nautilus.

Döhl, Volker; Kratzer, Nick; Sauer, Dieter (2000): Krise der NormalArbeit(s)Politik. Entgrenzung von Arbeit – neue Anforderungen an Arbeitspolitik. In: *WSI-Mitteilungen* 53 (1), S. 5–17.

Döhl, Volker; Kratzer, Nick; Sauer, Dieter (2001): Auflösung des Unternehmens. Die Entgrenzung von Kapital und Arbeit. In: Ulrich Beck und Wolfgang Bonß (Hg.): Die Modernisierung der Moderne. Frankfurt a. M.: Suhrkamp, S. 219–237.

Dolata, Ulrich (2019): Privatization, curation, commodification. Commercial platforms on the Internet. In: *Österreichische Zeitschrift für Soziologie* 44, S. 181–197.

Dörre, Klaus (2009): Die neue Landnahme. Dynamiken und Grenzen des Finanzmarktkapitalismus. In: Klaus Dörre, Stephan Lessenich und Hartmut Rosa (Hg.): Soziologie – Kapitalismus – Kritik. Eine Debatte. Frankfurt a. M.: Suhrkamp, S. 21–86.

Dörre, Klaus (2011): Landnahme und die Grenzen kapitalistischer Dynamik. Eine Ideenskizze. In: *Initial – Berliner Debatte* 22, S. 56–72.

Dreitzel, Hans Peter (1972): Die gesellschaftlichen Leiden und das Leiden an der Gesellschaft. Vorstudien zu einer Pathologie des Rollenverhaltens. Stuttgart: Enke.

Drinkuth, Andreas (2007): Die Subjekte der Subjektivierung. Handlungslogiken bei entgrenzter Arbeit und ihre lokale Ordnung. Berlin: edition sigma.

Dunkel, Wolfgang (1994): Pflegearbeit – Alltagsarbeit. Eine Untersuchung der Lebensführung von AltenpflegerInnen. Freiburg: Lambertus.

Dunkel, Wolfgang; Kleemann, Frank (Hg.) (2013): Customers at work. New perspectives on interactive service work. London: Palgrave Macmillan.

Duttweiler, Stefanie; Gugutzer, Robert; Passoth Jan-Hendrik; Strübing, Jörg (g.) (2016): Leben nach Zahlen. Self-Tracking als Optimierungsprojekt? Bielefeld: transcript.

Eagleton, Terry (1997): Die Illusionen der Postmoderne. Ein Essay. Stuttgart: J. B. Metzler.

Eberl, Ulrich (2016): Smarte Maschinen. Wie Künstliche Intelligenz unser Leben verändert. München: Carl Hanser.

Edwards, Richard (1979): Contested terrain. The transformation of the workplace in the twentieth century. New York: basic books.

Engels, Friedrich (1968 [zuerst 1894]): Brief an W. Borgius in Breslau, 25. Januar 1894. In: Marx-Engels-Werke, MEW, Bd. 39, 205 f.

Evers-Wölk, Michaela; Opielka, Michael (2019): Neue elektronische Medien und Suchtverhalten. Forschungsbefunde und politische Handlungsoptionen zur Mediensucht bei Kindern, Jugendlichen und Erwachsenen. 2. Auflage. Baden-Baden: Nomos.

Folkers, Andreas; Lemke, Thomas (Hg.) (2014): Biopolitik. Ein Reader. Berlin: Suhrkamp.

Ford, Henry (1923 [zuerst engl. 1922]): Mein Leben und Werk. Leipzig: List.

Foucault, Michel (1992): Was ist Kritik? Berlin: Merve.

Foucault, Michel (2004a): Sicherheit, Territorium, Bevölkerung. Geschichte der Gouvernementalität Bd. I: Vorlesungen am Collége de France 1977–1978. Frankfurt a. M.: Suhrkamp.

Foucault, Michel (2004b): Die Geburt der Biopolitik. Geschichte der Gouvernementalität Bd. II: Vorlesungen am Collge de France 1978–1979. Frankfurt a. M.: Suhrkamp.

Foucault, Michel (2007 [zuerst engl. 1982]): Subjekt und Macht. In: Michel Foucault (Hg.): Ästhetik der Existenz. Schriften zur Lebenskunst. Frankfurt a. M.: Suhrkamp, S. 81–104.

Foucault, Michel (2008 [zuerst franz. 1975]): Überwachen und Strafen. Die Geburt des Gefängnisses. 9. Aufl. Frankfurt a. M.: Suhrkamp.

Foucault, Michel (2009): Hermeneutik des Subjekts. Frankfurt a. M.: Suhrkamp.

Foucault, Michel (2017): Die Sorge um sich. 14. Aufl. Frankfurt a. M.: Suhrkamp.

Foucault, Michel (2019): Die Geständnisse des Fleisches. Berlin: Suhrkamp.

Frank, Manfred (2012): Ansichten der Subjektivität. Berlin: Suhrkamp.

Frey, Michael (2009): Autonomie und Ancignung in der Arbeit. Eine soziologische Untersuchung zur Vermarktlichung und Subjektivierung von Arbeit. München, Mering: R. Hampp.

Fuchs, Christian (2014): Digital labour and Karl Marx. New York, London: Routledge.

Fuchs, Christian (2018): Universal Alienation, Formal und Real Subsumtion of Society under Capitel, Ongoing Primite Accumulation by Diposession. In: tripleC 16 (2), S. 454–467.

Fuchs, Christian; Sevignani, Sebastian (2013): What Is Digital Labour? What Is Digital Work? What's their Difference? And Why Do These Questions Matter for Understanding Social Media? In: tripleC 11 (2), S. 237–293.

Gall, Lothar (2001): Krupp. Der Aufstieg eines Industrieimperiums. 2. Aufl. Berlin: Siedler.

Gesellschaft für Zeitpolitik (2003): Zeit für Zeitpolitik. Hamburg: Atlantik.

Giddens, Athony (1991): Modernity and Self-Identity. Self and Society in the Late Modern Age. London: Polity.

Goetz, Ariane (2019): Land Grabbing and Home Country Development. Chinese and British Land Acquisitions in Comparative Perspective. Bielefeld: transcript.

Gottschall, Karin; Voß, G. Günter (Hg.) (2005 [zuerst 2003]): Entgrenzung von Arbeit und Leben. Zum Wandel der Beziehung von Erwerbstätigkeit und Privatsphäre im Alltag. München, Mering: R. Hampp.

Götz, Irene; Lemberger, Barbara; Lehnert, Katrin; Schondelmayer, Sana (Hg.) (2010): Mobilität und Mobilisierung. Frankfurt a. M., New York: Campus.

Gray, Mary L.; Suri, Siddharth (2019): Ghost work. How to stop Silicon Valley from building a new global underclass. Boston: Houghton Mifflin Harcourt.

Greenfield, Adam (2017): Radical technologies. The design of everyday life. Brooklyn, NY: Verso.

Greengard, Samuel (2015): The Internet of Things. Cambridge, Mass.: MIT-Press.

Grober, Ulrich (2018): Die Ächtung des Raubbaus und das Paradigma der Gabe – alte Quellen für ein neues Metallbewusstsein. In: Martin Held, Reto D. Jenny und Maximilian Hempel (Hg.): Metalle auf der Bühne der Menschheit. Von Ötzis Kupferbeil zum Smartphone im All Metals Age. München: oekom, S. 115–127.

Handrich, Christoph (2013): »Gute Arbeit ist, wenn ich Anerkennung bekomme«. Porfessionalität und gute Arbeit. In: Rolf Haubl, G. Günter Voß, Nora Alsdorf und Christoph Handrich (Hg.): Belastungsstörung mit System. Die zweite Studie zur psychosozialen Situation in deutschen Organisationen. Göttingen: Vandenhoeck & Ruprecht, S. 49–61.

Handrich, Christoph; Koch-Falkenberg, Carolyn; Voß, G. Günter (2016): Professioneller Umgang mit Zeit- und Leistungsdruck. Baden-Baden: Nomos.

Hardt, Michael; Negri, Antonio (2018a [zuerst engl. 2017]): Assembly. Die neue demokratische Ordnung. Frankfurt a. M., New York: Campus.

Hardt, Michael; Negri, Antonio (2018b): The Multiplicities within Capitalist Rules and the Articulation of Struggles. In: tripleC 16 (2), S. 440–448.

Hardt, Michael; Negri, Antonio (2018c): The Powers of the Exploited and the Social Ontology of Praxis. In: tripleC 16 (2), S. 415–423.

Hardt, Michael; Negri, Antonio (2002 [zuerst engl. 2000]): Empire. Die neue Weltordnung. Frankfurt a.M, New York: Campus.

Hardt, Michael; Negri, Antonio (2004): Multitude. Krieg und Demokratie im Empire. Frankfurt a. M., New York: Campus.

Hardt, Michel; Negri, Antonio (2010 [zuerst engl. 2009]): Common Wealth. Das Ende des Eigentums. Frankfurt a. M., New York: Campus Verlag.

Harvey, David (2018a): Universal Alienation. In: tripleC 16 (2), S. 424–439.

Harvey, David (2018b): Universal Alienation and real Subsumtion in Dayli Life under Capital: A Response to Hardt and Negri. In: tripleC 16 (2), S. 449–453.

Harvey, David (2005 [zuerst engl. 2003]): Der neue Imperialismus. Hamburg: VSA.

Harvey, David (2014 [zuerst. engl. 2011]): Das Rätsel des Kapitals entschlüsseln. Den Kapitalismus und seine Krisen überwinden. Hamburg: VSA.

Häußler, Angela; Küster, Christine; Ohrem, Sandra; Wagenknecht, Inga (Hg.) (2018): Care und die Wissenschaft vom Haushalt. Aktuelle Perspektiven der Haushaltswissenschaft. Wiesbaden: Springer VS.

Haubl, Rolf; Hausinger, Brigitte; Voß, G. Günter (Hg.) (2013): Riskante Arbeitswelten. Zu den Auswirkungen moderner Beschäftigungsverhältnisse auf die psychische Gesundheit und Arbeitsqualität. Frankfurt a. M., New York: Campus.

Haubl, Rolf; Voß, G. Günter; Alsdorf, Nora; Handrich, Christoph (Hg.) (2013): Belastungsstörung mit System. Die zweite Studie zur psychosozialen Situation in deutschen Organisationen. Göttingen: Vandenhoeck & Ruprecht.

Haug, Wolf Fritz (2009 [zuerst 1971]): Kritik der Warenästhetik. 2. Aufl. Berlin: Suhrkamp (erweiterte Neuausgabe).

Haug, Wolfgang Fritz (1994): Aneignung. In: Wolfgang Fritz Haug (Hg.): Historisch-Kritisches Wörterbuch des Marxismus. Bd. 1. Berlin: Argument, S. 233–249.

Hegel, Georg Wilhelm Friedrich (1970 [zuerst 1821]): Grundlinien der Philosophie des Rechts. Werke Bd. 7. Berlin: Suhrkamp.

Hegel, Georg Wilhelm Friedrich (1970 [zuerst 1807]): Phänomenologie des Geistes. Werke Bd. 3. Frankfurt a. M.: Suhrkamp.

Held, Martin; Jenny, Reto D.; Hempel, Maximilian (Hg.) (2018): Metalle auf der Bühne der Menschheit. Von Ötzis Kupferbeil zum Smartphone im All Metals Age. München: oekom.

Helfrich, Silke; Bollier, David (2019): Frei, fair und lebendig – die Macht der Commons. Wien: Verlag des österreichischen Gewerkschaftsbunds.

Herbrechter, Stefan (2012): Posthumanismus. Eine kritische Einführung. Darmstadt: Wissenschaftliche Buchgesellschaft.

Hippel, Eric von (2005): Democratizing Innovation. Havard, Mass.: MIT Press.

Hirsch, Joachim (1986): Das neue Gesicht des Kapitalismus. Vom Fordismus zum Post-Fordismus. Hamburg: VSA.

Hirsch-Kreinsen, Hartmut; Ittermann, Peter; Niehaus, Jonathan (Hg.) (2018 [zuerst 2015]): Digitalisierung industrieller Arbeit. Die Vision Industrie 4.0 und ihre sozialen Herausforderungen. 2. Aufl. Baden-Baden: Nomos.

Hoffmann, Jürgen (2006): Arbeitsbeziehungen im Rheinischen Kapitalismus Zwischen Modernisierung und Globalisierung. Münster: Westfälisches Dampfboot.

Holzkamp, Klaus (1995): Alltägliche Lebensführung als subjektwissenschaftliches Grundkonzept. In: *Das Argument* 12, S. 817–846.

Holzkamp, Klaus (1996): Selbstverständigung über Handlungsbegründungen alltäglicher Lebensführung. In: *Forum Kritische Psychologie* 36, S. 7–112.

Horkheimer, Max; Adorno, Theodor W. (1969 [zuerst 1947]): Dialektik der Aufklärung. Philosophische Fragmente. Frankfurt a. M.: Fischer.

Huchler, Norbert; Voß, G. Günter; Weihrich, Margit (2007): Soziale Mechanismen im Betrieb. Theoretische und empirische Analysen zur Entgrenzung und Subjektivierung von Arbeit. München, Mering: R. Hampp.

Huchler, Norbert; Voß, G. Günter; Weihrich, Margit (2012): Markt, Herrschaft, Solidarität und Subjektivität. Ein Vorschlag für ein integriertes Mechanismen- und Mehrebenenkonzept. In: *Arbeits- und Industriesoziologische Studien* 5 (1), S. 78–99.

Isaacson, Walter; Gittinger, Antoinette (2012 [zuerst engl. 2011]): Steve Jobs. Die autorisierte Biografie des Apple-Gründers. München: btb Verlag.

Jarrett, Kylie (2019): Through the Reproductive Lens: Labour and Struggle at the Intersection of Culture and Economy. In: David Chandler und Christian Fuchs (Hg.): Digital objects, digital subjects. Interdisciplinary perspectives on capitalism, labour and politics in the age of big data. London: University of Westminster Press, S. 103–116.

Jochum, Georg (2013): Kybernetisierung von Arbeit – Zur Neuformierung der Arbeitssteuerung. In: *Arbeits- und Industriesoziologische Studien* 6 (1), S. 25–48.

Jochum, Georg (2017): Plus Ultra oder die Erfindung der Moderne. Bielefeld: transcript.

Jochum, Georg (2018): Zur Historischen Entwicklung des Verständnisses von Arbeit. In: Fritz Böhle, G. Günter Voß und Günther Wachtler (Hg.): Handbuch Arbeitssoziologie. Band 1: Arbeit, Strukturen und Prozesse. 2. erw. Aufl. Wiesbaden: Springer VS, S. 85–141.

Jochum, Georg; Schaub, Simon (2019): Die Steuerungswende. Zur Möglichkeit einer nachhaltigen und demokratischen Wirtschaftsplanung im digitalen Zeitalter. In: Florian Butollo und Sabine Nuss (Hg.): Marx und die Roboter. Vernetzte Produktion, Künstliche Intelligenz und lebendige Arbeit. Berlin: Dietz, S. 327–344.

Jurczyk, Karin; Rerrich, Maria S. (Hg.) (1993): Die Arbeit des Alltags. Beiträge zu einer Soziologie der alltäglichen Lebensführung. Freiburg: Lambertus.

Jurczyk, Karin; Schier, Michaela; Szymenderski, Peggy; Lange, Andreas; Voß, G. Günter (2009): Entgrenzte Arbeit – entgrenzte Familie. Grenzmanagement im Alltag als neue Herausforderung. Berlin: edition sigma.

Jurczyk, Karin; Voß, G. Günter; Weihrich, Margit (2015): Conduct of Everyday Life in Subject-Oriented Sociology: Concept and Empirical Research. In: Ernst Schraube und Charlotte Højholt (Hg.): Psychology and the conduct of everyday life. Hove, New York: Routledege, S. 34–64.

Jurczyk, Karin; Voß, G. Günter; Weihrich, Margit (2016): Alltägliche Lebensführung – theoretische und zeitdiagnostische Potentiale eines subjektorientierten Konzepts. In: Alleweldt, Erika/Röcke, Anja/Steinbicker, Jochen (Hg.): Lebensführung heute – Klasse, Bildung, Individualität. München: Beltz Juventa, S. 53–87.

Jürgens, Kerstin (2006): Arbeits- und Lebenskraft. Reproduktion als eigensinnige Grenzziehung. Wiesbaden: Springer VS.

Kaeser, Eduard (2015): Artfremde Subjekte. Subjektives Erleben bei Tieren, Pflanzen und Maschinen? Basel: Schwabe.

Kamper, Dietmar (1988): »Postmoderne« oder der Kampf um die Zukunft. Frankfurt a.m: S. Fischer.

Kappler, Karolin; Schrape, Jan-Felix; Ulbricht, Lena; Weyer, Johannes (2017): Societal Implications of Big Data. In: *KI – Künstliche Intelligenz* 1/1961 (8), S. 4–9.

Keen, Andrew (2007): The Cult of the Amateur: How today's Internet is killing our culture. New York: Doubleday.

Keupp, Heiner (Hg.) (2006): Subjektdiskurse im gesellschaftlichen Wandel. Zur Theorie des Subjekts in der Spätmoderne. Bielefeld: transcript.

Kible, Brigitte (1998): Subjekt. In: Joachim Ritter und Karlfried Gründer (Hg.): Historisches Wörterbuch der Philosophie. Basel: Schwabe & Co., S. 374–384.

Kleemann, Frank; Eismann, Christian; Beyreuther, Tabea; Hornung, Sabine; Duske, Katrin; Voß, G. Günter (2012): Unternehmen im Web 2.0. Zur strategischen Integration von Konsumentenleistungen durch Social Media. Frankfurt a. M., New York: Campus.

Kleemann, Frank; Rieder, Kerstin; Voß, G. Günter (2008): Un(der)paid Innovators: The Commercial Utilization of Consumer Work through Crowdsourcing. In: *Science & Technologie Studies* 4 (1), S. 5–26.

Kleemann, Frank; Rieder, Kerstin; Voß, G. Günter (2009): Kunden als Innovatoren. Die betriebliche Nutzung privater Innovativität im Web 2.0 durch »Crowdsourcing«. In: *Wirtschaftspsychologie* 11 (1), S. 28–35.

Kleemann, Frank (Hg.); Matuschek, Ingo; Voß, G. Günter (2003 [zuerst 2002]): Subjektivierung von Arbeit. Ein Überblick zum Stand der soziologischen Diskussion. In: Manfred Moldaschl und G. Günter Voß (Hg.): Subjektivierung von Arbeit. Arbeit, Innovation und Nachhaltigkeit. 2. erw. Auflage. München, Mehring: Rainer Hampp, S. 53–100.

Klinger, Cornelia (2014a): Selbst- und Lebenssorge als Gegenstand sozialphilosophischer Reflexionen auf die Moderne. In: Brigitte Aulenbacher, Birgit Riegraf und Hildegard Theorbald (Hg.): Sorge: Arbeit, Verhältnisse, Regime. Baden-Baden: Nomos, S. 21–39.

Klinger, Cornelia (2014b): Selbstsorge oder Selbsttechnologie. Das Subjekt zwischen liberaler Tradition und Neoliberalismus. In: Brigitte Aulenbacher und Maria Dammayr (Hg.): Für sich und andere Sorgen. Krise und Zukunft von Care in der modernen Gesellschaft. Weinheim: Beltz, S. 31–40.

Klinger, Cornelia (2016): Zwischen Lebensführung und Lebenssorge. In: Erika Alleweldt, Anja Röcke und Jochen Steinbicker, Jochen (Hg.): Lebensführung heute – Klasse, Bildung, Individualität. München: Beltz Juventa, S. 88–121.

Kolumbus, Christoph (1981 [zuerst hg. von Luis Colon 1554]): Bordbuch. Frankfurt a. M.: Insel Verlag.

Kratzer, Nick (2003): Arbeitskraft in Entgrenzung. Grenzenlose Anforderungen, erweiterte Spielräume, begrenzte Ressourcen. Berlin: edition sigma.

Kratzer, Nick (2006): Vermarktlichung und Individualisierung. In: Karl-Siegbert Rehberg und Dana Giesecke (Hg.): Soziale Ungleichheit, kulturelle Unterschiede. Verhandlungen des 32. Kongresses der Deutschen Gesellschaft für Soziologie in München 2004. Frankfurt a. M., New York: Campus, S. 540–552.

Kratzer, Nick; Döhl, Volker; Sauer, Dieter (1998): Entgrenzung von Arbeit und demographischer Wandel. In: INIFES Stadtbergen, ISF München und Söstra Berlin (Hg.): Erwerbsarbeit und Erwerbsbevölkerung im Wandel. Frankfurt a. M., New York: Campus, S. 177–210.

Kudera, Werner; Voß, G. Günter (Hg.) (2000): Lebensführung und Gesellschaft. Beiträge zu Konzept und Empirie alltäglicher Lebensführung. Opladen: Leske + Budrich.

Lanier, Jaron (2014 [zuerst engl. 2013]): Wem gehört die Zukunft? Du bist nicht der Kunde der Internetkonzerne, du bist ihr Produkt. Hamburg: Hoffmann und Campe.

Lanier, Jaron (2018 [zuerst engl. 2018]): Zehn Gründe, warum du deine Social Media Accounts sofort löschen musst. Hamburg: Hoffmann und Campe.

Leimeister, Jan M.; Durward, David; Zogaj, Shkodran (2016): Crowd Worker in Deutschland: Eine empirische Studie zum Arbeitsumfeld auf externen CrowdsourcingPlattformen. Düsseldorf: Hans-Böckler-Stiftung.

Lemke, Thomas (2007a): Biopolitik zur Einführung. Hamburg: Junius.

Lemke, Thomas (2007b): Gouvernementalität und Biopolitik. Wiesbaden: Springer VS.

Leu, Hans Rudolf (1989): Wechselwirkungen. Die Einbettung von Subjektivität in die Alltagspraxis. In: Dietmar Brock (Hg.): Subjektivität im gesellschaftlichen Wandel: Umbrüche im beruflichen Sozialisationsprozeß. Weinheim, München: Juventa (Deutsches Jugendinstitut), S. 36–58.

Liepitz, Alain (1997): Die Welt des Postfordismus. Über die strukturellen Veränderungen der entwickelten kapitalistischen Gesellschaften. Hamburg: VSA.

Liepitz, Alain (1998): Nach dem Ende des »goldenen Zeitalters«. Regulation und Transformation kapitalistischer Gesellschaften. Hamburg: VSA.

Linden, Marcel v.d.; Roth, Karl Heinz (Hg.) (2009): Über Marx hinaus. Arbeitsgeschichte und Arbeitsbegriff in der Konfrontation mit den globalen Arbeitsverhältnissen. Berlin, Hamburg: Assoziation.

Loh, Janina (2018): Trans- und Posthumanismus. Hamburg: Junius.

Lohr, Karin (2005): Subjektivierung von Arbeit – Riskante Chancen. In: Karin Lohr und Hildegard Maria Nickel (Hg.): Subjektivierung von Arbeit. Münster: Westfälisches Dampfboot, S. 207–239.

Lohr, Karin (2017): Subjektivierung von Arbeit. In: Hartmut Hirsch-Kreinsen und Heiner Minssen (Hg.): Lexikon der Arbeits- und Industriesoziologie. 2. Aufl. Berlin: edition sigma, S. 281–285.

Lohr, Karin; Nickel, Hildegard Maria (Hg.) (2005): Subjektivierung von Arbeit. Münster: Westfälisches Dampfboot.

Luhmann, Niklas (1975): Interaktion, Organisation, Gesellschaft. In: Niklas Luhmann (Hg.): Soziologische Aufklärung 2. Wiesbaden: Westdeutscher Verlag, S. 9–21.

Luhmann, Niklas (1978): Interpenetration bei Parsons. In: *Zeitschrift für Soziologie* 7, S. 299–302.

Luhmann, Niklas (1984): Soziale Systeme. Grundriß einer allgemeinen Theorie. Frankfurt a. M.: Suhrkamp.

Lutz, Burkardt (1984): Der kurze Traum immerwährender Prosperität. Eine Neuinterpretation der industriell-kapitalistischen Entwicklung im Europa des 20. Jahrhunderts. Frankfurt a. M., New York: Campus.

Luxemburg, Rosa (1975 [zuerst 1915]): Die Akkumulation des Kapitals. In: Rosa Luxemburg: Ökonomische Schriften. Gesammelte Werke, Bd. 5. 4. Aufl. Berlin: Dietz, S. 5–412.

Marcuse, Herbert (1970 [zuerst engl.1964]): Der eindimensionale Mensch. Studien zur Ideologie der fortgeschrittenen Industriegesellschaft. Neuwied: Luchterhand.

Marrs, Kira (2018): Herrschaft und Kontrolle in der Arbeit. In: Fritz Böhle, G. Günter Voß und Günther Wachtler (Hg.): Handbuch Arbeitssoziologie. Band 1: Arbeit, Strukturen und Prozesse. 2. Aufl. Wiesbaden: Springer VS, S. 473–502.

Marx, Karl (1969 [zuerst 1867]): Das Kapital. Kritik der politischen Ökonomie. Bd. 1: Der Produktionsprozess des Kapitals. In: Marx-Engels-Werke, MEW Bd. 23. Berlin: Dietz.

Marx, Karl (1978 [zuerst 1932]): Die Deutsche Ideologie. In: Marx-Engels-Werke, MEW Bd. 3. Berlin: Dietz, S. 9–472.

Marx, Karl (1983 [zuerst 1939/1941]): Grundrisse der Kritik der politischen Ökonomie (1856–1858). In: Marx-Engels-Werke, MEW Bd. 42. Berlin: Dietz. S. 49–768

Marx, Karl (1985 [zuerst 1932]): Ökonomisch-philosophische Manuskripte aus dem Jahr 1844. In: Marx-Engels-Werke, MEW, Bd. 40, Berlin: Dietz, S. 465–588.

Matzner, Jutta (1964): Der Begriff der Charaktermaske bei Karl Marx. In: *Soziale Welt* 15 (2), S. 130–139.

Mau, Steffen (2017): Das metrische Wir. Über die Quantifizierung des Sozialen. Berlin: Suhrkamp.

Mayer-Schönberger, Viktor; Ramge, Thomas (2017): Das Digital. Markt, Wertschöpfung und Gerechtigkeit im Datenkapitalismus. Berlin: Econ.

McAfee, Andrew; Brynjolfsson, Erik (2017): Machine, platform, crowd. Harnessing our digital future. New York: W.W. Norton.

McEwan, Ian (2019): Maschinen wie ich. Zürich: Diogenes.

Melville, Herman (2019 [zuerst engl. 1853]): Bartleby, der Schreiber. Berlin: Insel.

Mies, Maria (1982): Lace Makers of Narsapur. Indian Housewives Produce for the World Market. London: Zed Books.

Mies, Maria (2009): Hausfrauisierung, Globalisierung, Subsistenzperspektive. In: Marcel v.d. Linden und Karl Heinz Roth (Hg.): Über Marx hinaus. Arbeitsgeschichte und Arbeitsbegriff in der Konfrontation mit den globalen Arbeitsverhältnissen. Berlin, Hamburg: Assoziation, S. 257–289.

Minssen, Heiner (Hg.) (2000): Begrenzte Entgrenzung. Wandlungen von Organisation und Arbeit. Berlin: edition sigma.

Minssen, Heiner (2006): Arbeits- und Industriesoziologie. Eine Einführung. Frankfurt a. M., New York: Campus.

Moldaschl, Manfred (1997): Internalisierung des Marktes. Neue Unternehmensstrategien und qualifizierte Angestellte. In: SOFI/IfS/ISF/INIFES (Hg.): Jahrbuch sozialwissenschaftliche Technikberichterstattung 1997. Schwerpunkt: Moderne Dienstleistungswelten: edition sigma, S. 197–250.

Moldaschl, Manfred (2000): Internalisierung des Marktes – Zur neuen Dialektik von Kooperation und Herrschaft. In: Heiner Minssen (Hg.): Begrenzte Entgrenzungen – Wandlungen von Organisation und Arbeit. Berlin: edition sigma, S. 205–223.

Moldaschl, Manfred (2003 [zuerst 2002]): Foucaults Brille – Eine Möglichkeit, die Subjektivierung von Arbeit zu verstehen? In: Manfred Moldaschl und G. Günter Voß (Hg.): Subjektivierung von Arbeit. Arbeit, Innovation und Nachhaltigkeit. 2. erw. Auflage. München, Mering: Hampp, S. 135–176.

Moldaschl, Manfred; Voß, G. Günter (Hg.) (2003 [zuerst 2002]): Subjektivierung von Arbeit. Arbeit, Innovation und Nachhaltigkeit. 2. erw. Auflage. München, Mering: Hampp.

Mönch, Kathrin (2018): Arbeit, Subjekt, Widerstand. Bielefeld: transcript.

Morozov, Evgeny (2011): The net delusion. The dark side of Internet freedom. New York, NY: PublicAffairs.

Morozov, Evgeny (2013): To Save Everything, Click Here. The Folly of Technological Solutionism. New York, NY: PublicAffairs.

Münz, Rudolf (1979): Charaktermaske und Theatergleichnis bei Marx. In: Rudolf Münz (Hg.): Das ›andere‹ Theater. Studien über ein deutschsprachiges teatro dell'arte der Lessingzeit. Berlin: Henschel, S. 19–49.

Nachtwey, Oliver; Staab, Philipp (2019 i. E.): Das Produktionsmodell des digitalen Kapitalismus. In: *Soziale Welt – Sonderband »Soziologie des Digitalen«.*

Neckel, Sighard; Wagner, Greta (Hg.) (2013): Leistung und Erschöpfung. Burnout in der Wettbewerbsgesellschaft. Berlin: Suhrkamp.

Negroponte, Nicholas (1995 [zuerst engl. 1995]): Total Digital. Die Welt zwischen O und 1 oder Die Zukunft der Kommunikation. München: Bertelsmann.

Negt, Oskar; Kluge, Alexander (1981): Geschichte und Eigensinn. Frankfurt a. M.: Zweitausendeins.

Neuffer, Simon Gabriel (2019): Zwecklose Technik. Zur Kritik der instrumentellen Technikauffassung. Berlin: Logos.

Niavis, Paulus (1953 [zuerst 1480]): Ludicium Iovis oder das Gericht der Götter über den Bergbau. Berlin: Akademie Verlag (Freiberger Forschungshefte, Kultur und Technik, 3).

Olivecrona, Karl (1996): Locke's Theory of Appropration. In: *The Philosophical Quarterly* 24, S. 220–234.

O'Neil, Cathy (2017): Weapons of math destruction. How big data increases inequality and threatens democracy. London: Penguin.

Ortmann, Ulf (2014): Arbeiten mit RFID. Zum praktischen Umgang mit unsichtbaren Assistenten. Berlin: edition sigma.

Ortmann, Ulf (2014): Zum Leistungsanspruch von RFID. Mit Popitz durch die Informationsgesellschaft. In: *Arbeits- und Industriesoziologische Studien* 7 (1). S. 75–86.

Ostrom, Elinor (1990): Governing the commons. The evolution of institutions for collective action. Cambridge, Mass.: Cambridge University Press.

Papsdorf, Christian (2009): Wie Surfen zu Arbeit wird. Crowdsourcing im Web2.0. Frankfurt a. M., New York: Campus.

Papsdorf, Christian (2013): Internet und Gesellschaft. Wie das Netz unsere Kommunikation verändert. Frankfurt a. M., New York: Campus.

Papsdorf, Christian (2019): Digitale Arbeit. Eine soziologische Einführung. Frankfurt a. M., New York: Campus.

Papsdorf, Christian; Sebastian Jakob; Purzitza, Lisa; Schmitten, Jan-Peter (2018): Gründe und Formen der freiwilligen Nichtnutzung des Internets. Eine explorative Studie zum Internetverzicht bei Jugendlichen. In: *Österreichische Zeitschrift für Soziologie* 43 (4), S. 347–366.

Parsons, Talcott (1975 [zuerst engl. 1966]): Gesellschaften. Frankfurt a. M.: Suhrkamp.Peters, Klaus; Sauer, Dieter (2005): Indirekte Steuerung – eine neue Herrschaftsform. In: Hilde Wagner (Hg.): »Rentier' ich mich noch?« Neue Steuerungskonzepte im Betrieb. Hamburg: VSA, S. 23–58.

Peters, Klaus; Sauer, Dieter (2006): Epochenbruch und Herrschaft – Indirekte Steuerung und die Dialektik des Übergangs. In: Dieter Scholz u. a. (Hg.): Turnaround? Strategien für eine neue Politik der Arbeit – Herausforderungen an Gewerkschaften und Wissenschaft. Münster: Westfälisches Dampfboot, S. 98–125.

Pfeiffer, Sabine (2004): Arbeitsvermögen. Ein Schlüssel zur Analyse (reflexiver) Informatisierung. Wiesbaden: Springer VS.

Pfeiffer, Sabine (2018): Industry 4.0: Robotics and Contradictions. In: Paško Bilić, Jaka Primorac und Bjarki Valtýsson (Hg.): Technologies of labour and the politics of contradiction, Bd. 29. Cham: Palgrave Macmillan, S. 19–36.

Plessner, Helmuth (1975 [zuerst 1928]): Die Stufen des Organischen und der Mensch. Einleitung in die philosophische Anthropologie. Mannheim: De Gruyter.

Polanyi, Karl (1995 [zuerst 1944)): The Great Transformation. Politische und ökonomische Ursprünge von Gesellschaften und Wirtschaftssystemen. Frankfurt a. M.: Suhrkamp.

Pongratz, Hans J. (1997): Subjekt und Struktur – die Münchener subjektorientierte Soziologie. In: G. Günter Voß und Hans J. Pongratz (Hg.): Subjektorientierte Soziologie. Opladen: Leske + Budrich, S. 7–29.

Pongratz, Hans J.; Voß, G. Günter (2003b): Arbeitskraftunternehmer. Erwerbsorientierungen in entgrenzten Arbeitsformen. Berlin: edition sigma.

Pongratz, Hans J.; Voß, G. Günter (2003c): From employee to »entreployee«: Towards a »self-entrepreneurial« work force? In: Concepts and Transformation 8 (3), S. 239–254.

Pongratz, Hans J.; Voß, G. Günter (Hg.) (2004): Typisch Arbeitskraftunternehmer? Befunde der empirischen Arbeitsforschung. Berlin: edition sigma.

Pongratz Hans J.; Voß, G. Günter (2003b): Berufliche Sicherheit und Spaß an Herausforderungen: Erwerbsorientierungen in Gruppen- und Projektarbeit. In: WSI-Mitteilungen 56 (4). S. 228–234.

Pongratz, Hans, J.; Bormann, Sarah (2017): Online-Arbeit auf Internet-Plattformen. Empirische Befunde zum »Crowdworking« in Deutschland. In: Arbeits- und Industriesoziologische Studien 10 (2), S. 158–181.

Projektgruppe »Alltägliche Lebensführung« (Hg.) (1995): Alltägliche Lebensführung. Arrangements zwischen Traditionalität und Modernisierung. Opladen: Leske + Budrich.

Ramge, Thomas (2018): Mensch und Maschine. Wie künstliche Intelligenz und Roboter unser Leben verändern. Ditzingen: Reclam.

Reckwitz, Andreas (2008): Subjekt. Bielefeld: transcript.

Reichert, Ramón (Hg.) (2014): Big Data. Die Gesellschaft als digitale Maschine. Bielefeld: transcript.

Rieder, Kerstin; Voß, G. Günter (2010): The Working Customer – an Emerging New Type of Consumer. In: Journal Psychologie des Alltagshandelns/Psychology of Everday Activity 3 (2), S. 1–10.

Rieder, Kerstin; Voß, G. Günter (2013): Customers at Work. A Fundamental Change in Service Work. In: Wolfgang Dunkel und Frank Kleemann (Hg.): Customers at work. New perspectives on interactive service work. London: Palgrave Macmillan, S. 177–196.

Sauer, Dieter (2005): Arbeit im Übergang. Eine Standortbestimmung. Hamburg: VSA.

Sauer, Dieter (2018): Vermarktlichung und Vernetzung der Unternehmens- und Betriebsorganisation. In: Fritz Böhle, G. Günter Voß und Günther Wachtler (Hg.): Handbuch Arbeitssoziologie. Band 2: Akteure und Institutionen. 2. erw. Aufl. Wiesbaden: Springer VS, S. 177–206.

Sennett, Richard (2008): Handwerk. Berlin: Berlin Verlag.

Sennett, Richard (2014 [zuerst engl. 2012]): Zusammenarbeit. Was unsere Gesellschaft zusammenhält. München: dtv.

Schirrmacher, Frank (Hg.) (2015): Technologischer Totalitarismus. Eine Debatte. Berlin: Suhrkamp.

Schmiede, Rudi (1989): Reelle Subsumtion als gesellschaftstheoretische Kategorie. In: Wilhelm Schumm (Hg.): Zur Entwicklungsdynamik des modernen Kapitalismus. Beiträge zur Gesellschaftstheorie, Industriesoziologie und Gewerkschaftsforschung. Frankfurt a. M., New York: Campus, S. 21–38.

Schmiede, Rudi (1996): Informatisierung, Formalisierung und kapitalistische Produktionsweise. Entstehung der Produktionstechnik und Wandel der gesellschaftlichen Arbeit. In: Rudi Schmiede (Hg.): Virtuelle Arbeitswelten. Arbeit, Produktion und Subjekt in der »Informationsgesellschaft«. Berlin: edition sigma, S. 15–47.

Schmitt, Carl (1950): Der Nomos der Erde im Völkerrecht des Jus Publicum Europaeum. Berlin: Duncker & Humblot.

Schmitt, Carl (1995): Staat, Grossraum, Nomos. Arbeiten aus den Jahren 1916–1969. Berlin: Duncker & Humblodt.

Scholz, Trebor (Hg.) (2013): Digital labor. The Internet as playground and factory. New York: Routledge.

Schraube, Ernst; Højholt, Charlotte (Hg.) (2015): Psychology and the conduct of everyday life. Hove, New York: Routlege.

Seibring, Anne (Hg.) (2017): Arbeit und Digitalisierung. Themenheft Aus Politik und Zeitgeschichte, Beilage zur Wochenzeitung Parlament. Berlin: Bundeszentrale für politische Bildung.

Sennett, Richard (1998): Der neue Kapitalismus. In: *Berliner Journal für Soziologie* 8 (3), S. 305–316.

Sennett, Richard (2005): Die Kultur des neuen Kapitalismus. Berlin: Berlin Verlag.

Snowden, Edward (2019b): Permanent Record. Meine Geschichte. Frankfurt a. M.: Fischer.

Spencer, David (2016): Work and beyond the Second Machine Age: the politics of pdoduction and digital technologies. In: *Work, Employment & Society* 31 (1), S. 142–152.

Srnicek, Nick (2018 [zuerst engl. 2016]): Plattform-Kapitalismus. Hamburg: Hamburger Edition.

Staab, Philipp (2019): Digitaler Kapitalismus – Markt und Herrschaft in der Ökonomie der Unknappheit. Berlin: Suhrkamp.

Steinbicker, Jochen (2019): Überwachung und die Digitalisierung der Lebensführung. In: Martin Stempfhuber und Elke Wagner (Hg.): Praktiken der Überwachten. Öffentlichkeit und Privatheit im Web 2.0. Wiesbaden: Springer VS, S. 79–96.

Stempfhuber, Martin; Wagner, Elke (Hg.) (2019): Praktiken der Überwachten. Öffentlichkeit und Privatheit im Web 2.0. Wiesbaden: Springer VS.

Stoll, Clifford (1999 [zuerst engl. 1995]): Die Wüste Internet. Geisterfahrten auf der Datenautobahn. Frankfurt a. M.: Fischer.

Strittmatter, Kai (2018): Die Neuerfindung der Diktatur. Wie China den digitalen Überwachungsstaat aufbaut und uns damit herausfordert. München: Piper.

Tapscott, Don; Williams, Anthony D. (2006): Wikinomics. How Mass Collaboration Changes Everything. New York: Portfolio/Penguin.

Tegmark, Max (2017): Leben 3.0. Mensch sein im Zeitalter künstlicher Intelligenz. Berlin: Ullstein.

Teriet, Bernhard (1977): Die Wiedergewinnung der Zeitsouveränität. In: Freimut Duve (Hg.): Technologie und Politik, Bd. 8. Reinbek: Rowohlt, S. 75–111.

Terranova, Tiziana (2000): Free Labor: Producing Culture for the Digital Economy. In: *Social Text* 63 (18/2), S. 33–58.

Terranova, Tiziana (2004): Network Culture: Politics for the Information Age. Ann Arbor, Mi.: Pluto Press.

Thunberg, Greta (2019): No one is too small to make a difference. London: Penguin.

Turkle, Sherry (1996 [zuerst engl. 1995]): Leben im Netz. Identität in Zeiten des Internet. Reinbek: Rowohlt.

Uexküll, Jakob von (1931): Die Rolle des Subjekts in der Biologie. In: *Naturwissenschaften* 19 (19), S. 385–391.

Uexküll, Jakob von (1956): Streifzüge durch die Umwelten von Tieren und Menschen. Ein Bilderbuch unsichtbarer Welten. Bedeutungslehre. Reinbek: Rowohlt.

Volland, Holger (2018): Die kreative Macht der Maschinen. Warum Künstliche Intelligenzen bestimmen, was wir morgen fühlen und denken. Weinheim, Basel: Beltz.

Voß, G. Günter (2012a): Individualberuf und subjektivierte Professionalität. Zur beruflichen Orientierung des Arbeitskraftunternehmers. In: Axel Bolder, Rolf Dobischat, Günter Kutscha und Gerhard Reutter (Hg.): Beruflichkeit zwischen Institutionellem Wandel und biographischem Projekt. Wiesbaden: Springer VS, S. 283–317.

Voß, G. Günter (2012b): Subjektivierte Professionalität. Zur Selbstprofessionalisierung von Arbeitskraftunternehmern und arbeitenden Kunden. In: Wolfgang Dunkel und Margit Weihrich (Hg.): Interaktive Arbeit. Theorie, Praxis und Gestaltung von Dienstleistungsbeziehungen. Wiesbaden: Springer VS, S. 353–386.

Voß, G. Günter (1991): Lebensführung als Arbeit. Über die Autonomie der Person im Alltag der Gesellschaft. Stuttgart: Enke.

Voß, G. Günter (1995): Entwicklung und Eckpunkte des theoretischen Konzepts. In: Projektgruppe »Alltägliche Lebensführung« (Hg.): Alltägliche Lebensführung. Arrangements zwischen Traditionalität und Modernisierung. Opladen: Leske + Budrich, S. 23–43.

Voß, G. Günter (1997): Beruf und Lebensführung – zwei subjektnahe Instanzen der Vermittlung von Individuum und Gesellschaft. In: G. Günter Voß und Hans J. Pongratz (Hg.): Subjektorientierte Soziologie. Opladen: Leske + Budrich, S. 201–222.

Voß, G. Günter (1998): Die Entgrenzung von Arbeit und Arbeitskraft. Eine subjektorientierte Interpretation des Wandels der Arbeit. In: *Mitteilungen aus der Arbeitsmarkt- und Berufsforschung* 31 (3), S. 473–487.

Voß, G. Günter (2001): Der eigene und der fremde Alltag. In: G. Günter Voß und Margit Weihrich (Hg.): tagaus – tagein. Neue Beiträge zur Soziologie alltäglicher Lebensführung. München, Mering: R. Hampp, S. 203–218.

Voß, G. Günter (2007): Subjektivierung von Arbeit und Arbeitskraft. Die Zukunft der Beruflichkeit und die Dimension Gender als Beispiel. In: Brigitte Aulenbacher, Maria Funder, Heike Jacobsen und Susanne Völker (Hg.): Arbeit und Geschlecht im Umbruch der modernen Gesellschaft. Wiesbaden: Springer VS, S. 97–113.

Voß, G. Günter (2010): Mobilisierung und Subjektivierung. Und: Was würde Odysseus zum Thema Mobilität beitragen? In: Irene Götz, Barbara Lemberger, Katrin Lehnert und Sana Schondelmayer (Hg.): Mobilität und Mobilisierung. Frankfurt a. M., New York: Campus, S. 95–136.

Voß, G. Günter (2013): Subjektivierte Professionalität. In: Rolf Haubl, G. Günter Voß, Nora Alsdorf und Christoph Handrich (Hg.): Belastungsstörung mit System. Die zweite Studie zur psychosozialen Situation in deutschen Organisationen. Göttingen: Vandenhoeck & Ruprecht, S. 168–185.

Voß, G. Günter (2017): Wenn die Roboter kommen – Was wird dann aus uns? Arbeitssoziologische Thesen zu den Folgen einer Entgrenzung und Subjektivierung von Technik. In: *Zeitpolitisches Magazin*, Jg. 31 (Dezember 2017), S. 22–26.

Voß, G. Günter (2018a): Was ist Arbeit? Zum Problem eines allgemeinen Arbeitsbegriffs. In: Fritz Böhle, G. Günter Voß und Günther Wachtler (Hg.): Handbuch Arbeitssoziologie. Band 1: Arbeit, Strukturen und Prozesse. 2. erw. Aufl. Wiesbaden: Springer VS, S. 15–84.

Voß, G. Günter (2018b): Arbeitende Roboter – Arbeitende Menschen. Über subjektivierte Maschinen und menschliche Subjekte. In: Alexander Friedrich, Petra Gehring, Christoph Hubig, Andreas Kaminski und Alfred Nordmann (Hg.): Arbeit und Spiel. Jahrbuch Technikphilosophie 2018. Baden-Baden: Nomos, S. 139–180.

Voß, G. Günter; Handrich, Christoph (2013): Ende oder Neuformierung qualitätsvoller und professioneller Arbeit? In: Rolf Haubl, Brigitte Hausinger und

G. Günter Voß (Hg.): Riskante Arbeitswelten. Zu den Auswirkungen moderner Beschäftigungsverhältnisse auf die psychische Gesundheit und Arbeitsqualität. Frankfurt a. M., New York: Campus, S. 107–139.

Voß, G. Günter (2005): Die nächste Stufe der Selbstbedienung ist der arbeitende Kunde – Gespräch mit G. Günter Voß. In: *GDI Impulse* (Winter 2005), S. 56–65.

Voß, G. Günter; Pongratz, Hans J. (Hg.) (1997): Subjektorientierte Soziologie. Opladen: Leske + Budrich.

Voß, G. Günter; Pongratz, Hans J. (1998): Der Arbeitskraftunternehmer. Eine neue Grundform der Ware Arbeitskraft? In: *Kölner Zeitschrift für Soziologie und Sozialpsychologie* (1).

Voß, G. Günter; Rieder, Kerstin (2006, zuerst 2005): Der arbeitende Kunde. Wenn Konsumenten zu unbezahlten Mitarbeitern werden. Frankfurt a. M., New York: Campus.

Voß, G. Günter; Weihrich, Margit (Hg.) (2001): tagaus – tagein. Neue Beiträge zur Soziologie alltäglicher Lebensführung. Mering: Hampp.

Voß, G. Günter; Weiß, Cornelia (2005): Subjektivierung von Arbeit – Subjektivierung von Arbeitskraft. In: Ingrid Kurz-Scherf, Lena Corell und Stefanie Janczyk (Hg.): In Arbeit: Zukunft. Münster: Westfälisches Dampfboot, S. 139–155.

Voß, G. Günter; Weiß, Cornelia (2013): Burnout und Depression – Leiterkrankungen des subjektivierten Kapitalismus oder: Woran leidet der Arbeitskraftunternehmer? In: Sighard Neckel und Greta Wagner (Hg.): Leistung und Erschöpfung. Burnout in der Wettbewerbsgesellschaft. Berlin: Suhrkamp, S. 29–57.

Voß, G. Günter; Weiß, Cornelia (2015): Selbstgenderung und Genderarbeit. In: Marlies W. Fröse, Stephanie Kaudela-Baum und Frank E.P. Dievernich (Hg.): Emotion und Intuition in Führung und Organisation. Wiesbaden: Springer VS, S. 277–304.

Wagner, Hilde (2005): »Rentier' ich mich noch?« Neue Steuerungskonzepte im Betrieb. Hamburg: VSA.

Walker, Martin (2017): Germany 2064. Zürich: Diogenes.

Warter, Johannes (2016): Crowdwork. Wien: Verlag des Österreichischen Gewerkschaftsbundes.

Watts, Steven (2006): The people's tycoon. Henry Ford and the American century. New York: Vintage Books.

Weber, Max (1972 [zuerst 1921]): Wirtschaft und Gesellschaft. Grundriß der verstehenden Soziologie. Tübingen: J.C.B. Mohr.

Weber, Max (1986 [zuerst 1920]): Die protestantische Ethik und der Geist des Kapitalismus. In: Max Weber (Hg.): Gesammelte Aufsätze zur Religionssoziologie, Bd. I. Tübingen: J.C.B. Mohr, S. 17–206.

Weber, Max (1988 [zuerst 1919]): Wissenschaft als Beruf. In: Max Weber (Hg.): Gesammelte Aufsätze zur Wissenschaftslehre. Tübingen: J.C.B. Mohr, S. 582–613.

Weber, Max (1992 [zuerst 1919]): Politik als Beruf. Leipzig: Reclam.

Weihrich, Margit (1998): Kursbestimmungen. Eine qualitative Paneluntersuchung der alltäglichen Lebensführung im ostdeutschen Transformationsprozeß. Freiburg: Centaurus.

Weihrich, Margit (2001): Alltägliche Lebensführung und institutionelle Selektion oder: Welche Vorteile hat es, die Alltägliche Lebensführung in die Colemansche Badewanne zu stecken? In: G. Günter Voß und Margit Weihrich (Hg.): tagaus – tagein. Neue Beiträge zur Soziologie alltäglicher Lebensführung. München, Mering: R. Hampp, S. 219–236.

Weihrich, Margit; Voß, G. Günter (Hg.) (2002): Tag für Tag. Alltag als Problem: Lebensführung als Lösung? Neue Beiträge zur Soziologie alltäglicher Lebensführung 2. München, Mering: R. Hampp.

Weiß, Cornelia (2013): Von Angst- bis Zwangsstörung. Psychische Erkrankungen und ihre Verbreitung. In: Rolf Haubl, G. Günter Voß, Nora Alsdorf und Christoph Handrich (Hg.): Belastungsstörung mit System. Die zweite Studie zur psychosozialen Sitaution in deutschen Organisationen. Göttingen: Vandenhoeck & Ruprecht, S. 186–206.

Weizenbaum, Joseph (1979): Die Macht der Computer und die Ohnmacht der Vernunft. Frankfurt a. M.: Suhrkamp.

Welzer, Harald (2017): Die smarte Diktatur. Der Angriff auf unsere Freiheit. Frankfurt a. M.: Fischer.

Werlhof, Claudia V.; Mies, Maria; Bennhold-Thomsen, Veronika (1988 [zuerst 1983]): Frauen, die letzte Kolonie. Zur Hausfrauisierung der Arbeit. Reinbek: Rowohlt.

West, Sarah Myers (2019): Data Capitalism: Redefining the Logics of Surveillance and Privacy. In: *Business & Society* 58 (1), S. 20–41.

Wiener. Norbert (1952 [zuerst engl. 1950]): Mensch und Menschmaschine – Kybernetik und Gesellschaft. Frankfurt a. M.: Metzler.

Yeritsian, Gary (2018): »Capitalism 2.0«: Web 2.0 Manifestoes and the New Spirit of Capitalism. In: *Critical Sociology* 44 (4–5), S. 703–717.

Ziegler, Jean (2015): Ändere die Welt! Warum wir die kannibalische Weltordnung stürzen müssen. München: Penguin.

Ziegler, Jean (2019): Was ist so schlimm am Kapitalismus? Antworten auf die Fragen meiner Enkelin. München: Bertelsmann.

Zuboff, Shoshana (2018a): Das Zeitalter des Überwachungskapitalismus. Frankfurt a. M., New York: Campus.

Zuboff, Shoshana (2019a): The age of surveillance capitalism. The fight for the future at the new frontier of power. London: Profile Books.

Zuboff, Shoshana (1988): In the age of the smart machine. The future of work and power. New York: basic books.

Zuboff, Shoshana (2004): The Support Economy: Why Corporations Are Failing Individuals and the Next Episode of Capitalism. London: Penguin.

Zuboff, Shoshana (2015): Big other: Surveillance Capitalism and the Prospects of an Information Civilization. In: *Journal of Information Technology* 30 (1), S. 75–89. DOI: 10.1057/jit.2015.5.

Internetquellen, Video- und Filmdokumente, Zeitungsartikel

AllFacebook.de (2019): Nutzerzahlen: Facebook, Instagram, Messenger und WhatsApp, Highlights, Umsätze, u.v.m. (Stand Juli 2019). Online verfügbar unter https://allfacebook.de/toll/state-of-facebook, zuletzt aktualisiert am 21.07.2019.

Allwörden, Caspar v.; Beuth, Patrick (2019): Wie Browser-Erweiterungen ihre Nutzer ausspionieren. In: *Der Spiegel (Spiegel online)*, 19.07.2019. Online verfügbar unter https://www.spiegel.de/netzwelt/web/chrome-und-firefox-wie-brow ser-add-ons-ihre-nutzer-ausspionieren-a-1278059.html, zuletzt geprüft am 19.07. 2019.

Amer, Karim; Noujaim, Jehane (2019): Cambrigde Analyticas großer Hack (The Great Hack). (Netflix). Karim Karim Amer und Jehane Noujaim (Regie). Online verfügbar unter https://www.netflix.com/de/title/80117542.

Bloomberg TicToc (2019): Elizabeth Warren Puts Up Billboard in Heart of Silicon Valley Calling for Big Tech Breakup. YouTube. Online verfügbar unter https:// www.youtube.com/watch?v=EOutVd0bh1A, zuletzt geprüft am 15.08.2919.

Bowles, Nellie (2019): Elizabeth Warren Sticks Her Message in Big Tech's Face: In: *New York Times (Online)*, 03.06.2019. Online verfügbar https://www. nytimes.com/2019/06/03/technology/elizabeth-warren-big-tech-break-up. html.

Carrie Wong, Julia (2019): Facebook to be fined $5bn for Cambridge Analytica privacy violations. In: *The Guardian*, 12.07.2019. Online verfügbar unter https://www.theguardian.com/technology/2019/jul/12/facebook-fine-ftc-pri vacy-violations.

Clickworker.de (o. J.). Online verfügbar unter https://www.clickworker.de/ma schinelles-lernen-ki-kuenstliche-intelligenz/, zuletzt geprüft am 07.08.2019.

e commerce magazin (2019): Postbank Digitalstudie: Deutsche immer länger online. Online verfügbar unter https://www.e-commerce-magazin.de/postbank-digitalstudie-deutsche-immer-laenger-online, zuletzt geprüft am 10.06.2019.

Europäisches Parlament (2017): Zivilrechtliche Regelungen im Bereich Robotik. Entschließung des Europäischen Parlaments vom 16. Februar 2017 mit Empfehlungen an die Kommission zu zivilrechtlichen Regelungen im Bereich Robotik (2015/2103 INL). P8_TA. EU-Parlament.

Duus, Rikke; Cooray, Mike; Page, Nadine C. (2018): Exploring Human-Tech Hybridity at the Intersection of Extended Cognition and Distributed Agency: A Focus on Self-Tracking Devices. In: *Frontiers in Psychology* (August 2018, Heft 1432).

ECIN – Technik & Business Praxiswissen (2019): Postbank Digitalstudie: 50 Stunden pro Woche online, Sprachassistenten und Wearables trumpfen. Online verfügbar unter https://www.ecin.de/fachartikel/22645-postbank-digitalstudie-50-stunden-pro-woche-online-sprachassistenten-und-wearables-trumpfen.html, zuletzt geprüft am 10.06.2019.

Fowler, Susan (2019): What We've Learned From Our Privacy Project (So Far). In: *New York Times*, 16.07.2019. Online verfügbar unter https://www.nytimes.com/2019/07/16/opinion/privacy-project-nytimes.html?em_pos=small&ref=headline&nl_art=10&te=1&nl=opinion-today&emc=edit_ty_20190717?campaign_id=39&instance_id=10960&segment_id=15282&user_id=e0d7bb2fdd963fa65c29e51d1f5c2a54&regi_id=66498642emc=edit_ty_20190717&register=email&auth=register-email, zuletzt geprüft am 17.07.2019.

Gardels, Nathan (2018): The »techlash« is shaping the next phase of the digital revolution. In: *The Washington Post* (*The World Post*), 27.04.2018. Online verfügbar unter https://www.washingtonpost.com/news/theworldpost/wp/2018/04/27/general-data-protection-regulation/.

Hagelücken, Alexander (21.02.2017): Bill Gates fordert Robotersteuer. In: *Süddeutsche Zeitung (Online)*, 21.02.2017. Online verfügbar unter https://www.sueddeutsche.de/wirtschaft/digitalisierung-bill-gates-fordert-robotersteuer-1.3386861.

Handelsblatt (o. A.) (2019): Amazon hat mehr als 100 Millionen Alexa-Geräte verkauft. In: *Handelsblatt (online)*, 05.01.2019. Online verfügbar unter https://www.handelsblatt.com/unternehmen/it-medien/sprachassistent-amazon-hat-mehr-als-100-millionen-alexa-geraete-verkauft/23830954.html?ticket=ST-14876114-RRllyPtGDCNSm2aVvLKw-ap1.

Hurtz, Simon (2019): Was hinter Facebooks neuer Vergessen-Funktion steckt. In: *Süddeutsche Zeitung (online)*. Online verfügbar unter https://www.sueddeutsche.de/digital/datenschutz-vergessen-off-facebook-activity-like-button-1.4570061, zuletzt geprüft am 21.08.2019.

Knobbe, Martin; Schindler, Jörg (2019): Edward Snowden sagt Facebook und Google den Kampf an. In: *Der Spiegel (online)*, 13.09.2019. Online verfügbar unter https://www.spiegel.de/netzwelt/netzpolitik/edward-snowden-wir-muessen-die-massenhafte-datensammlung-stoppen-a-1286691.html, zuletzt geprüft am 13.09.2019.

Kort, Katharina; Postinett, Axel; Holzki, Larissa (09.09.2019): US-Generalstaatsanwälte nehmen Google ins Visier. In: *Handelsblatt (online)*, 09.09.2019. Online verfügbar unter https://www.handelsblatt.com/technik/it-internet/wettbe

werbsverstoesse-us-generalstaatsanwaelte-nehmen-google-ins-visier/249882 36.html?ticket=ST-15274244-vyiPrQCmSVVDXc2j9c7 l-ap1.

Kuhn, Johannes (2019): »Techlash«: Der Aufstand gegen die Tech-Giganten hat begonnen. In: *Süddeutsche Zeitung (online)*, 20.02.2019. Online verfügbar unter https://www.sueddeutsche.de/digital/digitalisierung-techlash-der-aufstand-gegen-die-tech-giganten-hat-begonnen-1.3869965.

Leyland, Cecco (2019): »Surveillance capitalism«: critic urges Toronto to abandon smart city project. In: *The Guardian (online)* 2019, 06.06.2019. Online verfügbar unter https://www.theguardian.com/cities/2019/jun/06/toronto-smart-city-google-project-privacy-concerns, zuletzt geprüft am 11.06.2019.

Martin-Jung, Helmut (2017): So trainiert Google künstliche Intelligenz. In: *Süddeutsche Zeitung (online)*, 23.11.2017. Online verfügbar unter https://www.sueddeutsche.de/digital/algorithmen-so-trainiert-google-kuenstliche-intelligenz-1.3759233, zuletzt geprüft am 07.08.2019.

Millertime Production (2019): Dein Leben sagt uns, was Du brauchst. Kunde: Mobilcom-debitel Agentur: Grabarz & Partner Regie: Niels Grabøl. Online verfügbar unter http://millertimeproduction.com/work/dein-leben-sagt-uns-was-du-brauchst/.

Morozov, Evgeny (2019): Capitalism's New Clothes. The Baffler. Online verfügbar unter https://thebaffler.com/latest/capitalisms-new-clothes-morozov.

o. A. (2019): Fear Of Missing Out – FOMO. Unter Mitarbeit von W. Stangl. Online Lexikon für Psychologie und Pädagogik. Online verfügbar unter https://lexikon.stangl.eu/17010/fear-of-missing-out-fomo/, zuletzt geprüft am 16.06.2019.

Paul, Kari (2019): Facebook launches app that will pay users for their data. In: *The Guardian (online)*, 12.06.2019. Online verfügbar unter https://www.theguardian.com/technology/2019/jun/11/facebook-user-data-app-privacy-study.

Rätz, Werner (2009): Rosa Luxemburgs Theorie der kapitalistischen Landnahme. attac.de. Online verfügbar unter https://www.attac.de/kampagnen/finanzmarktkrise/neuigkeiten/artikel/news/werner-raetz-rosa-luxemburgs-theorie-der-kapitalistischen-landnahme/, zuletzt geprüft am 07.06.2019.

Sandner, Pilipp; Groß, Jonas; Bekemeier, Felix (1019): Ist die Libra Coin eine Bedrohung für das Finanzsystem? In: *Capital (online)*, 19.07.1019. Online verfügbar unter https://www.capital.de/wirtschaft-politik/ist-die-libra-coin-eine-bedrohung-fuer-das-finanzsystem, zuletzt geprüft am 19.07.2019.

Snowden, Edward (2019a – 16.9.2019): Was wäre die Gesellschaft ohne Whistleblower? Interview im Deutschlandfunk unter Mitarbeit von Stefan Fries und Stefan Koldehoff. Online verfügbar unter https://www.deutschlandfunk.de/edward-snowden-im-dlf-interview-was-waere-die-gesellschaft.2907.de.html?dram:article_id=458854, zuletzt geprüft am 16.09.2019.

Spiegel Online (o. A.) (2019a): Firma hat Millionen öffentlicher Instagram-Daten abgegriffen. Online verfügbar unter https://www.spiegel.de/netzwelt/apps/

instagram-marketingfirma-hat-millionen-oeffentlicher-daten-abgegriffen-a-1280978.html, zuletzt geprüft am 08.08.2019.

Spiegel Online (o. A.) (2019b): Facebook ließ Sprachnachrichten seiner Nutzer abtippen, 14.8.2019b. Online verfügbar unter https://www.spiegel.de/netzwelt/netzpolitik/facebook-liess-sprachnachrichten-seiner-nutzer-abtippen-a-1281807.html, zuletzt geprüft am 14.08.2019.

Stevens, Matt (2019): Elizabeth Warren on Breaking Up Big Tech. In: *New York Times (Online)*, 26.06.2019. Online verfügbar unter https://www.nytimes.com/2019/06/26/us/politics/elizabeth-warren-break-up-amazon-facebook.html.

Voß, G. Günter (2018/19): Arbeitende Roboter – Arbeitende Menschen. Über subjektivierte Maschinen und menschliche Subjekte. (Präsentation). Online verfügbar unter http://ggv-webinfo.de/wp-content/uploads/2019/03/Arbeitende-Roboter-Arbeitende-Menschen-oB-public-2019.pdf, zuletzt aktualisiert am 20.07.2019, zuletzt geprüft am 20.07.2019.

Warren, Elisabeth (2019a): Here's how we can break up Big Tech. (Official Medium of Warren for President). medium.com. Online verfügbar unter https://medium.com/@teamwarren/heres-how-we-can-break-up-big-tech-9ad9e0da324c, zuletzt aktualisiert am 19.08.2019.

Warren, Elisabeth (2019b): Why we need to break up Big Tech. YouTube. Online verfügbar unter https://www.youtube.com/watch?v=i0eCHTErAYE, zuletzt geprüft am 19.08.2019.

Warzel, Chalry; Ngu, Ash (2019): Google's 4,000-Word Privacy Policy Is a Secret History of the Internet. In: *New York Times (online)*, 10.07.2019. Online verfügbar unter https://www.nytimes.com/interactive/2019/07/10/opinion/google-privacy-policy.html?em_pos=small&ref=headline&nl_art=5&te=1&nl=opinion-today&emc=edit_ty_20190711?campaign_id=39&instance_id=10831&segment_id=15113&user_id=e0d7bb2fdd963fa65c29e51d1f5c2a54&regi_id=66498642emc=edit_ty_20190711, zuletzt geprüft 23.09.2019

Wikipedia (o. A.) (o. J.): Amazon Web Services. Online verfügbar unter https://de.wikipedia.org/wiki/Amazon_Web_Services, zuletzt geprüft am 14.08.2019.

Wikipedia (o. A.) (o. J.): Captcha. Online verfügbar unter https://de.wikipedia.org/wiki/Captcha.

Wikipedia (o. A.) (o. J.): Christoph Kolumbus. Online verfügbar unter https://de.wikipedia.org/wiki/Christoph_Kolumbus, zuletzt geprüft am 01.08.2019.

Wikipedia (o. A.) (o. J.): Claim. Online verfügbar unter https://de.wikipedia.org/wiki/Claim_(Bergrecht), zuletzt geprüft am 07.08.2019.

Wikipedia (o. A.) (o. J.): Commons. Online verfügbar unter https://de.wikipedia.org/wiki/Commons.

Wikipedia (o. A.) (o. J.): Goldrausch (Chaplin). Online verfügbar unter https://de.wikipedia.org/wiki/Goldrausch_(Chaplin).

Wikipedia (o. A.) (o. J.): Klondike-Goldrausch. Online verfügbar unter https://de.wikipedia.org/wiki/Klondike-Goldrausch, zuletzt geprüft am 07.08.2019.

Wikipedia (o. A.) (o. J.): Onkel Dagobert – Sein Leben, seine Milliarden. Online verfügbar unter https://de.wikipedia.org/wiki/Onkel_Dagobert_%E2%80%93_Sein_Leben,_seine_Milliarden, zuletzt geprüft am 10.08.2019.

Wikipedia (o. A.) (o. J.): Ursprüngliche Akkumulation. Wikipedia. Online verfügbar unter https://de.wikipedia.org/wiki/Urspr%C3%BCngliche_Akkumulation, zuletzt geprüft am 12.06.2019.

Wikipedia (o. A.) (o. J.): Ursprüngliche Akkumulation. Wikipedia. Online verfügbar unter https://de.wikipedia.org/wiki/Urspr%C3%BCngliche_Akkumulation, zuletzt geprüft am 12.06.2019.

Wikipedia o. A. (o. J.): St. Annenkirche (Annaberg-Buchholz). Online verfügbar unter https://de.wikipedia.org/wiki/St._Annenkirche_(Annaberg-Buchholz), zuletzt geprüft am 11.09.2019.

Zuboff, Shoshana (2018b): Keynote speech on surveillance capitalism. Forum Privatheit Interdisziplinäre Konferenz »Die Zukunft der Datenökonomie« 11./12.10.2018 Bayerische Akademie der Wissenschaften (München). Forum Privatheit. Online verfügbar unter https://www.youtube.com/watch?v=DeaSxCN2uw8, zuletzt geprüft am 08.07.2019.

Zuboff, Shoshana (2019b): surveillance capitalism. common ground.ca. Online verfügbar unter https://commonground.ca/surveillance-capitalism/, zuletzt geprüft am 20.08.2019.

Zuboff, Shoshana (2016): Wie wir Googles Sklaven wurden. In: *Frankfurter Allgemeine Zeitung (online)*, 05.03.2016. Online verfügbar unter https://www.faz.net/aktuell/feuilleton/debatten/die-digital-debatte/shoshana-zuboff-googles-ueberwachungskapitalismus-14101816.html?printPagedArticle=true#pageIndex_0, zuletzt geprüft am 21.07.2019.